「私」を生きるための言葉

日本語と個人主義

泉谷閑示
Izumiya Kanji

研究社

はじめに

内輪だけに通じるような話し方を耳にするとき、私はいつも、どこか居心地の悪い感じに襲われます。隠語や略語が多用される話はそもそも排他的な働きをするものですが、専門用語や新しい言葉なども説明なしに使われる時には、同様の色彩を帯びます。部外者を排除しようとして意図的に行われる会話であれば致し方ないのですが、むしろ私が気になるのは、近頃、そのような意図がないにもかかわらず、排他的に感じられるような会話が増えてきていると感じられることです。

近年、急激な勢いでさまざまな外来語がカタカナ化され、私たちの生活に入り込んできています。経済や経営関連の専門用語をはじめとして、「KY（空気読めない）」などの新造略語、環境問題やライフスタイルに関する用語など、次々に新しい言葉や概念が生み出され、使われてきています。マスコミも企業も、新しいキーワード探しやキャッチフレーズ作りに躍起になっています。今日の人々には、そのように作り出された新しい言葉を「器用」に採り入れ、使い回していくことが、当然のように求められているのです。

しかし、それに伴って言葉の「密度」とでも言うべきものは、どんどん希薄化してきています。言葉の「密度」とは、言葉が指し示す概念の奥行きや、その言葉が生み出された背景や歴史などを含む「質的な厚み」のことです。十分に内容を吟味しないままに新しい言葉や概念を「インスタント」に採用し、借り物の概念を「自分のもの」として扱い、それに基づいて考えたり語ったりすることは、私にはとても危ういものに感じられます。真に自分で感じ取り、言葉を慎重に用いて思考すること。そして、その思考が他者に向けて開かれ、意味のある対話がされていくこと。この大切な営みに欠かせない基礎をなす「言葉」そのものが、もし「密度」の乏しいものになってしまっているとしたら、それはすなわち、思考や思想の貧困を生んでしまうことになるだろうと思うのです。

そんなことを考えるとき、哲学者ニーチェのこんな言葉がとても新鮮に響きます。

いっさいの書かれたもののうち、わたしはただ、血をもって書かれたもののみを愛する。血をもって書け。そうすれば君は知るであろう、血が精神であることを。
ひとの血を理解するのは、たやすくできることではない。わたしは読書する怠け者を憎む。
（『ツァラトゥストラ』第一部　読むことと書くこと）

濃密な言葉というものを、ニーチェは「血」という比喩《ゆ》で私たちに突きつけます。彼は、肉体から遊離し頭の先だけで行われるような思考や安易な言葉の使用を激しく嫌悪し、批判しました。ここにある「読書する怠け者」という表現は、今日にあっては「不用意に新しい言葉を振りまわす怠け者」と読み替えるべきでしょう。

しかしながら、新しい言葉を要領良く振りまわす傾向は、昔から日本人の得意技だったようです。

明治も終わりを迎えようとする明治四四年、夏目漱石は『現代日本の開化』という講演で次のようなことを語っています。

——現代日本の開化は皮相上滑《うわすべ》りの開化である。

——こういう開化の影響を受ける国民はどこかに空虚の感がなければなりません。またどこかに不満と不安の念を抱かなければなりません。それをあたかもこの開化が内発的ででもあるかのごとき顔をして得意でいる人のあるのはよろしくない。それはよほどハイカラです、よろしくない。虚偽でもある。軽薄でもある。

明治元年の前の年に生まれ、明治の文明開化を目の当たりにし、また、当時としては貴重なロンドン留学を経験した漱石。西欧文明とじかに触れ、大きな混乱と革命的変化を内的に経験した彼には、日本の西洋文化受容の有様は、表面的なところを真似たに過ぎない浅薄なものに映りました。外から新しいものを採り入れるという作業は、そんな風に要領良く済んでしまうようなものであるはずがないと、漱石は強く疑問を感じたのです。
その三年後の『私の個人主義』という講演でも、漱石は次のように語りました。

——近ごろはやるベルグソンでもオイケンでもみんな向うの人がとやかくいうので日本人もその尻馬に乗って騒ぐのです。ましてそのころは西洋人のいうことだといえば何でもかでも盲従して威張ったものです。だからむやみに片仮名を並べて人に吹聴して得意がった男が比々《ひひ》(どれもこれも)皆是《みなこれ》なりといいたいくらいごろごろしていました。

漱石は、日本が西洋文化という〈異物〉を真に採り入れるとすれば、日本人の内面には当然、何らかの葛藤や軋轢《あつれき》が生ずるはずだと考えました。しかし現実には、そんなことは一向に起こる気配もなく、むしろ得意がって片仮名を吹聴するような「ハイカラ」な人間ばかりが目に付いたのです。
漱石以前にも、江戸時代の国学者、本居宣長が「漢意《からごころ》」という言葉で、こういう「ハイカラさ」を問題視していました。そもそも書き言葉を持たなかった日本が、大陸から漢字、漢文を採り入れながらも、その〈異物〉を、訓読や仮名というシステムを作り出して器用にすり抜け、

〈異物〉の〈異物性〉を無視していることを批判的に名指したのが、「漢意（からごころ）」という言葉なのです。

　このように「ハイカラ」な外来思想受容の傾向は、日本人の中に昔から脈々と流れてきているものであって、日本人の精神について考える上で無視してはならない重要な側面だと考えられます。

　あらためて言うまでもなく、今日もさまざまな「ハイカラ」さが、そこかしこに見受けられます。「頭がいい」ということは、「膨大な知識をその内容や背景などにこだわらずに採り入れて要領よく使い回せること」と同義になっている節もあり、その意味では、「ハイカラ」さんこそが日本のエリートなのだという根強い信仰も続いているように見受けられます。

　この意味でのエリートは、外来文化を模倣し消費し、器用に加工したり組み立てたりすることには長《た》けていても、「血」の深さから生み出されるような独自の思想や文化を生み出すことができないという大きな限界を抱えています。何らかの事情によって行き詰まりが生じたとき、彼らは例外なく「自分がない」「自分がわからない」「自分は何がしたいのか分からない」といった空虚感と向き合わなければならなくなってしまいます。これは、当初に通過すべきだった異物受容の苦悩を省略してしまったことによる、遅ればせながらの突き上げなのです。

　本書のテーマである「『私』を生きる」ということは、「器用さ」を求められる風潮に流されず、そこから自覚的に離脱する生き方を選ぶことにほかなりません。それは、他人が考えた出来合いのものを器用に取り入れ、考えることを自分自身では行なわず「専門家」に「アウトソーシング(外注)」するような要領の良いやり方では、決して実現できないものです。

しかし、私たちが「自分で考えよう」と試みるときに、「考える」ためのツールである言葉や言語構造そのものの中に、既にさまざまな価値観や偏りが練りこまれてしまっていることに十分な注意を払わなければなりません。個々の単語のみならず文法構造までもが、私たちのものの見方や考え方の土台の部分を形成しているということ、これは普段、見落とされやすいところです。それゆえ「『私』を生きる」という問題に取り組もうとするときに、どうしても、この「言語」という問題を避けて通るわけにはいかないのです。これが、今回門外漢の私があえて言語学的問題に取り組むことにした理由です。

——いかにして『私』として生きることができるだろうか

——他者と『私』は、いかにして真の対話を行なうことができるだろうか

このような問いは、そもそも西洋から入って来た「個人」や「主体」という輸入概念を基盤として初めて成り立つテーマです。前提をいい加減にしたままで、その上にいくら考えを組み上げてみても、それは所詮《せん》「砂上の楼閣《ろうかく》」に過ぎません。

本書で私は、言語の作用や日本語の特性に目を向ける作業から始めて、そこから炙《あぶ》り出され

てくる近代以後の日本人の姿を問い直してみたいと思っています。そして、近代的な輸入概念である「個人」「社会」「個人主義」といったものについても、私たちがこれらの概念を、精神性の根幹において本当に受容していると言えるかどうか、あらためて考えてみたいのです。

普段当たり前に使っている「言葉」というものに真正面から向きあうことは、「言葉」をツールとして駆使し具体的な作業をすることに比べて、目に見える利得は生まないかもしれません。しかし、私たちを知らず知らずのうちに方向付け、また盲目にすらしてしまう「言葉」には、私たちの直面する様々な問題を根本的に解決してくれる不思議な力も、また一方で備えられているのです。

目次

目次

第4章　個人主義と利己主義

第5章　日本語で「私」を生きるために

第1章　日本語と日本人

「あなた」と you は同じか

私は「対話」による精神療法（精神分析やカウンセリングなどを包括する名称）を日々行っていますが、場面によって、日本語がどうも使いにくいと感じることがあります。たとえば、「あなたは〜なのですね」と言いたい状況であっても、これを単純にそのまま言うわけにはいきません。相手との関係がどんなものであるか、また、相手がどのような呼ばれ方を望んでいるのかを推察して、それに合わせて呼び方をその都度選ばなければならないのです。これを測り間違ってしまいますと、相手の感情的反発を招いてしまうことになってしまいます。実際、二人称代名詞として「あなた」を使ったところ、「『あなた』と呼ばないでください！」と立腹された方もありました。私はそれまで、迂闊《うかつ》にもあなたは「あなた」だろうとたいして深く考えもせずよく「あなた」を使っていたので、これは新鮮な驚きでした。これがもし英語だったならば、you と言って何の問題もなく済むことであったはずなのですが、日本語の「あなた」は you のように使うことはできないのだということに、恥ずかしながら、あらためて気付かされたわけです。

日本語の二人称は、相手との位置関係（タテ社会的な上下関係や親密度の違い）によって、かなりの言い分けを必要とするもので、対等以下の相手に使う二人称代名詞はあっても、困ったことに目上の相手に使える二人称代名詞は存在しません。

目上の人を呼ぶときに私たちが使っているのは、「〜さん」「先生」「先輩」「部長」「社長」「教授」等々のように相手の名前や社会的地位の名称なのであって、これらはもちろん人称代名詞ではありません。さらに、よく注意して観察してみますと、なんと、最も多い言い方は二人称主語を立てない言い回しなのです。

これと同様に、一人称代名詞も相手との関係によって言い分けが求められますし、そこでどのような言い方を選び取るかということで、その人物の「ひととなり」が表われもします。そして最も多い言い方は、やはり、一人称主語を立てないものです。

このような日本語の人称代名詞の特異な性質を、色々な言い方があって豊かだ、と考えるむきもあるかもしれませんが、私はむしろ、そのように現状を肯定するよりも、ここから色々なことを考え始めてみたいと思うのです。

果たして日本語には、人称代名詞というものが存在していると言えるのだろうか。そして、you のような普遍的二人称代名詞を持った言語を用いて暮らす人々とわれわれ日本人は、何か決定的に違う世界を生きているのではないだろうか。また、その違いは個々の人間の在り方や、人間関係の性質、社会の性格等にも大きな影響を及ぼしてはいないだろうか。このような問題を、言葉を手掛かりにして考えてみたいのです。

試しにある一日、自分のことを常に「私」と言い、相手のことは誰であろうと「あなた」と呼ぶようにして過ごすことを想像してみましょう。たちどころにすべての人間関係が混乱に陥ってしまうことは、容易に想像がつくでしょう。仕事場で上司に向かって（あるいは、学校で先生に向かって）「あなたは～」と言って反感を買い、お客さんには怒りを買い、気のおけない同僚にはよそよそしいと思われ、家に帰って奥さんや幼いわが子に向かって（または、両親に向かって）「私は～」「あなたは～」と話をしてとても奇妙な顔をされる——。きっと、「どうかしちゃったの？」と心配されてしまうことでしょう。あるいは、こんなことを想像してみてもいいでしょう。英語の小説やドラマ、映画の翻訳で、すべての一人称と二人称を固定的に一律「私」「あなた」に置き換えてみたとすれば、たぶん驚くほど物語全体の雰囲気が変わって見えるのではないでしょうか。

その昔、「大草原の小さな家」というアメリカの子供向けドラマが放映されていたことがありましたが、あの時に私が子供ながらに感じたのは、子供がいかに幼くても、周囲から一人の人間として尊重されていることへの驚きとうらやましさでした。しかし同時に、こんな家族なんてあり得ない、きっと作り物ならではの「美しき嘘」なんだろう、という疑念も抱いたのでした。もちろん、今でもあのドラマが実際どの程度脚色された「美しき嘘」であったのか私には知る由もありません。しかし、相手との上下関係や親密度などを気にすることなく、常に普遍的人称代名詞が使える社会に自分が生まれ育っていたらと想像してみると、あのドラマの家族のあり方も、まんざら「あり得ない」とは言えないような気がします。

普遍的人称代名詞を基盤とする社会

そもそも私が普遍的人称代名詞がない日本語に不自由さを感じたのも、よくよく考えてみれば、「対話」による「精神療法」という、西洋から輸入された対人様式に基づいた作業に携わっていたためだったと言えるでしょう。私が医学教育を受けたり精神療法を学んだ際にも、このような社会的前提の違いについて、特に意識したことはありませんでした。しかし、西洋で生み出された理論や技法は、そもそも西洋的な個人や人間関係の在り方を前提にしたものですから、私たち日本人がそれらを翻訳して輸入する際には、そこを十分に分かった上で受け取る必要があると考えられます。この点を意識しないまま、ただありがたがって舶来物の理論を受け入れてしまいますと、とてもチグハグなことにもなりかねません。

一例をあげますと、ウィニコットというイギリスの精神分析家がholding（抱きしめること）ということの重要性を述べていますが、これを日本人のセラピストが鵜《う》呑《の》みにしてセラピーを行った場合に、とても気味の悪いベタベタな治療関係が作り出されることがあります。もともと乳児の時から母親とは別室に寝かされ、親子といえども別の人間であるということを痛いほどすり込まれて育ってくるヨーロッパ人にとっては、holding はわざわざ強調しなければならないような重要性があるのだろうと推察されます。しかし、はじめから添い寝の文化で育っていて、自他の未分化なまま大人になりがちな日本人に対してこの考えを安易に適用したとすれば、奇妙な共依存関係が生み出されてしまうのも不思議はありません。

医療全般はもちろんのこと、会社という組織形態や雇用という契約も、法律や司法制度も学校制度も、現代日本のシステムはことごとく西洋をお手本として採り入れたものばかりです。しかし、これらの根本にはすべて普遍的人称代名詞の世界が据えられているわけで、そこにあらためて注意を向けてみることが必要だと思うのです。

最近では、個人情報保護法が施行されたり、パワーハラスメントが問題になったり、あるいは裁判員制度が導入されたりという動きがありますが、これらもやはり、自由と責任を持った侵害されてはならない主体、すなわち「個人」を前提にしたものです。しかも、それらの「個人」は、基本的に平等な権利と尊厳を与えられ、同時にさまざまな義務も負っているものです。相手によって上になったり下になったりすることを習慣付けられた私たち日本人は、建前上そのような制度を受け入れてはいるものの、日常の会話一つでも、相手によってカメレオン的に変化しなければならない暗黙の縛りの中で生活しているわけです。

例えば、何らかの争議事項が持ち上がってそれについて訴訟でも起こされようものなら、それまでの相手との関係は一変し、「水くさいことをしやがって」とか「けんかを売られた」と感じたりするかもしれません。しかし裁判制度とは、そもそも利害の対立を感情的衝突にしてしまわないためにルールとして生み出された制度であり、スポーツゲームでルールに則《のっと》って思いきり戦うことに相当する、ドライでフェアな性質のものであるはずです。

フランス留学中に、私はこんな経験をしました。私の借りたアパルトマンは、地下にカーヴ(物置)と駐車場がついていました。せっかく駐車場もあるのだしと思い、しばらくしてからなりくたびれた車を手に入れたのですが、さていざ停めようと駐車場に行ってみると、他の車が勝手に停めてありました。そこで私は、「ここは私の駐車スペースです。停めないで下さい」とメモを書いて貼っておいたのですが、何日経《た》ってもその車は移動する気配がありません。私は仕方なくアパルトマンの管理組合長さんに相談し、解決を図ってもらうことにしました。すると間もなく車の持ち主が分かり、組合長立会いの下で話し合いをすることになりました。

現れたのは、フランス人の若い奥さんでした。組合長さんに注意を受けても、彼女は悪びれることもなく「だって、私はずっとここに停《と》めていたのよ！　ほかに二台停めている人もいるじゃない。うちも二台停める権利があるはずでしょ。もしここに停められなくなったら、私の車はどうしたらいいの？　そんなこと出来ないわ！」と、堂々と主張し始めたのです。

あまりに堂々とした屁《へ》理屈に、私は開いた口がふさがりませんでしたが、組合長さんは彼女の話を辛抱強く聞き、それから理路整然と、その主張の不当性を何度も諭してくれたのです。しかし、彼女はすぐに引き下がりはしませんでした。

小一時間ほど経《た》って、不満をぶちまけ終わって気が済んだのでしょうか、彼女は「分かったわ」とあっさり諦めの言葉を口にして、さっきまでの般若《はんにゃ》のような形相から一変し、ニコニコと柔和な笑顔をみせたのです。そして何の嫌味もない爽やかな口調で、「良い週末をね！」と言って足取りも軽やかに立ち去っていったのでした。金曜の夜だったのです。私は、その様子を見て呆気《あっけ》にとられてしまいました。

日本人の悲しい習性から、そのうち嫌がらせでもされやしないかとしばらくの間は用心していましたが、その後は何のトラブルもなく、無事問題は解決したのでした。玄関で彼女とすれ違うことがあっても、何事もなかったかのように爽やかな挨拶が交わされました。小さなトラブルではありましたが、この出来事から私は色々と考えさせられたのです。

あとで知ったことですが、基本的に欧米は訴訟社会なので、トラブルの際はたとえ自分に非があったとしても迂闊《うかつ》に謝ってはならないと教育されてもいるらしいのですが、彼女はとりあえず理屈の通らないことは百も承知で言いたいだけ自分の感情をぶちまけて、納得したくない自分の気持ちにケリをつけたのだと思います。言いたいことは呑《の》み込まず、その場ではっきりと言う。それゆえに、後腐れもない。それが、きっとフランス人らしいスタイルなのでしょう。

その後、パリのあちこちで日常的に言い争いが行われている光景を見るにつけ、私はそれを確信したのでした。この一件によって、私は決してフランス人を嫌いにはなりませんでした。その後腐れのなさ、わかりやすい表裏のなさに、むしろ好感すら抱いたのです。

「主語」を使わない日本語

日本を代表する心理学者だった河合隼雄氏は、その昔、アメリカの心理学者、ロジャーズの「非指示的カウンセリング」という方法論に則って心理面接をおこなっていた頃のことを、こう語っています。

それは（泉谷注　非指示的カウンセリングとは）どういうことかというと、こられた人に対して、私は指示を与えないほうがいいというのです。こられた人が自分で考えられるのだから、いちばん大事なことは指示を与えないことだと書いてある。（中略）

ところが、すごくおもしろいのは、この発想は英語によっていますね。英語はそれがものすごくうまくできるんですよ。なぜうまくできるかというと、「I～」「I feel ～」と、こう言うでしょう。そうすると、その「I」を「You」に変えて言ったら、そのままになるのですよ。「わたしは親父がもういやでいやでたまりません」と言うと、「ああ、あなたは親父がいやでたまらないのですね」と、そのまま言えばいいのです。

ところが、日本語はふつう主語を使わないでしょう。そうすると、「親父はいやなやつなんですよ」と言われたときに、「いやなやつですな」と言ったら、「ああ、先生もそう思われますか」となる。「いやいや、私はそう思っていない。私はただ非指示的に受け入れただけであって、私の意見を申し上げているわけではない」と言わなければいけないのですね。

（大江健三郎・河合隼雄・谷川俊太郎『日本語と日本人の心』）

「日本語はふつう主語を使わないでしょう」と河合氏は言っているのですが、ここがとても大切なポイントであると思われます。先ほども述べましたが、日本語では人称代名詞の主語をわざわざ立てないのが最もポピュラーな言い方になっているわけです。

「親父はいやなやつなんですよ」という言い方はその意味で、日本語としてはごく日常的に多用されるスタイルです。もう一つの、主語を立てる「私は親父がいやでいやでたまりません」の方は、日本語としてそう言えないことはないけれども、新しいスタイルの言い方だと考えられます。つまり、この言い方は翻訳文体に近い言い回しであって、前者の場合とは異なったある種の「構え」を必要とするのです。

陳述者である自分を「私は」と立てるということは、その陳述内容に署名すること、クレジットを打つことに相当します。誇張して言えば、その発言内容の責任者が自分であると明言するとともに、発言内容はあくまで自分の個人的意見であり普遍的真理を述べているわけではない、という意味合いがそこに生じます。それはあたかも騎士道精神のごとく、自分の述べた内容について相手の自由な批判を受け入れる覚悟がある、と宣言していることでもあります。これが、別個の内面を持った他者と対峙《じ》している距離感を前提とした「構え」の内容なのです。

一方の主語を立てない「親父はいやなやつなんですよ」という発言は、どこか聞き手を束縛する要素を含んでいる言い方であると考えられます。一人称主語を立てずに行われる発言は、個人的で主観的な意見を言っているにもかかわらず、大げさに言えば、普遍的な真理を提示しているような意味合いを生み出してしまいます。提示されたのが「個人的意見」ではなく「普遍的真理」ですから、聞き手は当然それに同調すべきということになり、聞き手はまるで「踏み絵」を迫られたような事態に置かれてしまいます。もし同調しない場合には、相手に対して異端宣言をするようなものですから、相手との関係が険悪になることを覚悟しなければなりません。ですから、聞き手は純粋に自分がどう思うのかということよりも、話し手との関係性を優先的に考慮せざるを得なくなり、場合によっては、自分を偽って返答しなければならない状況に追い込まれることもあるわけです。

日本語に「主語」はあるのか

河合氏は「日本語はふつう主語を使わないでしょう」と述べていました。私たちは通常、学校で「日本語では主語が省略されることが多い」と習ってきています。つまり、省略されることは多いものの、日本語に主語はあるのだということです。しかしこの点について、近年、異を唱える議論が活発になってきているようです。

私たちが習った学校文法は、明治維新以降に大槻文彦氏が英文法を参考にして作った大槻文法とその系譜を継ぐ橋本進吉氏の橋本文法というものを土台にしていて、これはヨーロッパの言語と同じく、日本語にも「主語と述語がある」という考えに基づいて作られたものです。

しかし近年、金谷武洋氏や山崎紀美子氏らの著作において、三上章氏（一九〇三〜一九七一）の提唱した「三上文法」が活発に紹介されるようになってきています。三上文法は、「日本語に主語はない」という画期的な視点に基づいた文法理論です。三上氏は、従来の日本語の文法理論が、明治の「脱亜入欧」のスローガンに乗っかって作られたもので、無理に英文法の理論骨格に日本語を当てはめて、似て非なるものを「主語」と呼んできたに過ぎないのだ、という指摘を行ないました。そして、従来「主語」と呼ばれていたものは、「主題の提示」に過ぎないのだというのです。

この議論について文法的に詳細に検討することは、門外漢の私には荷の重いことで立ち入りませんが、先ほど述べたように、普遍的人称代名詞が立てられない日本語の特質を考える上では、日本語には「主語」がないという「三上文法」から示唆を得るところは少なくないと思われます。

「主語」のない言語から「主語」の義務化へと変化してきた印欧語

比較文法学の最近の知見では、世界中の言語全般についても、「主語」という文法概念が必ずしも普遍的とは言えないという説が有力になってきており、これもなかなか興味深いことだと思います。

印欧語(インド・ヨーロッパ語族)も七世紀頃までは、今の日本語や東アジアの言語と同じように「主語」というものはなかった。それが、時代とともに動詞が活用して行為者の人称が示され始め、強調文で「主語」も登場するようになり、のちには「主語」が義務化される言語も出てきたようです。「主語」が義務化された言語とは、近代以降の英語、フランス語、ドイツ語などが代表的なものですが、このような言語は世界の言語全体からみれば、むしろ特殊な進化を遂げたものだと見るべきでしょう。今や国際的公用語としての地位に昇りつめた英語が、文法特性の観点からは決して「標準的」な言語とは言えないということ。これは、なかなか重要な視点であると思われます。

金谷武洋氏の『英語にも主語はなかった』(二〇〇四年)という著作において、初めにはなかった「主語」というものが印欧語に徐々に立ち現れてくるプロセスが、人間の視点や価値観の変化と密接に関連していることが述べられています。出来事や場に重点を置いていた言語(「ある」言語)が、次第に行為者である人間に重点を置いたもの(「する」言語)に移り変わったり、「主語」が登場してきたことは、人間が行為者として「主体」になってきた歴史と密接につながっているらしいのです。

日本では生き辛そうにしているバイリンガルの方が、ひとたび海外に出たり英語を使ったりすると、まるで別人のように生き生きされるということがよくあります。またこれとは逆に、海外に滞在した際にカルチャーショックのあまり、精神的に変調をきたしてしまう方もあります。日本と西洋の言語世界の間には、印欧語の変遷でみれば一三〇〇年余りの価値観のギャップがあるわけですから、そういう現象が生じることも無理のないことだと言えるでしょう。

「主語」を立てる言語・立てない言語の世界観の違い

私は学生時代、英作文というものがとても苦手でした。いくら頭をひねって作文してみても、「英語ではそういう表現はしません」とバツをつけられてしまう。それでいて模範例文を丸暗記することも大嫌いだった私は、点数が伸びるはずもなく、いつもモヤモヤとした気分のままでした。私は、「なぜ英語ではそう言わないのか」ということについて知りたかったのですが、残念ながら、納得のいく説明を受ける機会は一度もありませんでした。

ところが今回、言語についての様々な文献を紐《ひも》解いてみてはじめて、日本語と英語では基本的な価値観や世界観、ものを見る視点などが大きく異なっていることが分かってきて、学生当時に自分が「日本語を英訳しようとしていた」こと自体が不適切であったことに、遅ればせながら気付いたのです。

そこで、言語と価値観や世界観の問題について触れている諸文献の中から、私の印象に残ったものをいくつか取り上げて、要点をまとめてみたいと思います。

金谷武洋氏は先の著作（『英語にも主語はなかった』）において、現代の欧米の言語が依《よ》って立つ世界観が「神の視点」であるのに対し、日本語の世界観は「虫の視点」であると述べています。「主語」を必ず立てる言語の世界観は、一人称も二人称も三人称も平等に、いわば「神」によって俯瞰《ふかん》的に眺められている視点であり、話者は自分自身を「神」の位置から客観的に眺めた視点で見ることになるために、あえて「私は」という一人称を名乗る必要が出てくるのだということです。一方、日本語の場合は、話者自身のところから他へ視点が移動しないために、通常は一人称を名乗る必要が生じません。金谷氏は、これに「虫の視点」と名付けた理由として、一つには、地を這《は》う低い視点から他人や物事を仰ぎ見るように捉える傾向があるためだとしています。

地理学者・鈴木秀夫氏の『森林の思考・砂漠の思考』（一九七八年）にも、これとかなり似通った指摘があります。欧米などの一神教の世界は、遊牧民的な「砂漠の思考」が行われ、「鳥の目」による世界観があると鈴木氏は述べます。この「砂漠の思考」とは、上から下を俯瞰《ふかん》し大づかみに全体像を把握して素早い決断をするという特徴があり、その世界観は、天地創造から終末へと至る直線的で有限なものだと言います。一方、日本を含めた多神教の世界は、定住する農耕民の「森林の思考」であり、下から上を見上げるような視点で、近視眼的で、緻密さ厳密さを求める傾向が強いという特徴があると指摘します。そしてその世界観は、無限に死と再生が繰り返される輪廻《りんね》転生的なものであり、また、遊牧民のように「異人」（他者）と遭遇することがないため、「我」しかいない、「我」が宇宙の中心であるようなものであると論じています。

言語学者の池上嘉彦氏は、最近の著書『英語の感覚・日本語の感覚』（二〇〇六年）において、日本語が〈ＢＥ言語〉であり、英語は〈ＨＡＶＥ言語〉であると述べています。池上氏は、この本の中で実例を多数あげて詳細な比較を行い、日本語と英語の特徴を抽出しています。参考までにそれらの中から代表的な項目を採り上げ、簡単な文例とともに一覧にして比較してみましょう。（文例は、泉谷が変更を加えたり選択を行なったりしています。英語は原文でなく、あえてガチガチの直訳日本語で提示します）

日本語	**英語**
BE言語 私には子供が二人います。	HAVE言語 私は二人の子供を持っています。
人間主語 君はどうしてここにいるの？	無生物主語（擬人法を好む） 何があなたをここに来させたの？
ゼロ化される主体 ここはどこ？／ここには誰もいません。	自己の他者化 私はどこにいるのか？／ここには私以外誰もいません。
自己・中心的（自己投入） 頑張らなくっちゃ。	自己分裂（見る主体／見られる主体） 私は頑張るべきだ。

主客合体	主客対立
月が輝いていた。	私は月が輝いているのを見た。
主観的・臨場的・体験的 国境の長いトンネルを抜けると、雪国であった。（川端康成『雪国』冒頭）	客観的 列車は、国境に横たわる長いトンネルを通り抜けて、雪国へと出てきた。
モノローグ的・身体性と密着・体験的で原始的 今行きます。／頭が痛い。	ダイアローグ的・身体から乖離・間主観的 私は近づいています。／私は頭痛を持っています。

このように比較してみますと、根本的なところから、物事の見方や考え方が大きく異なっていることが分かります。

「主語」を立てない日本語では、自己はゼロ化されて自覚されにくいため、自己投入的・臨場的・体験的・身体密着的に物事が認識されやすく、主客合一的で一元論的です。陳述は、主観的・独我的でモノローグ(独り言)的な表現をとる傾向が見られます。

これに対し、「主語」を義務的に立てる英語は、二元論的な主客分離(主客対立)で物事を捉える傾向があり、自分自身すら他者化して見るために、自己は身体から乖離《かいり》し、俯瞰《ふかん》的・客観的な視点が生じ、陳述はダイアローグ(対話)的になるという特徴があります。

このように、「主語」を立てる言語の世界観とは、単に人間が主体であることだけでなく、主体を俯瞰で眺め客観視する視点も同時に備えたものになっていることが分かります(これは「個人主義」の精神に直結する問題であり、第４章で詳しく考えてみることにします)。

つまり、「私」という一人称を主語として立てるような在り方は、日本語的な世界観からすれば、かなり異質で隔たりのあるものだと言えるでしょう。ですから、日本人がいざ「私」という主体を生きようとすると、日本語というもの自体も一つの大きな障壁になってしまう恐れがあるわけです。

日本の「我」の萌芽

ところが日本において、古い時代には、「我(われ)」という一人称の主語表現がかなり使われていた事実があります。佐佐木幸綱氏の著書『万葉集の〈われ〉』(二〇〇七年)に次のようなことが述べられています。

万葉集がつくられた時代(六二九〜七五九)に海外との交流が始まり、「日本」「天皇」という呼称が作られ、文字使用が一般化し、中央集権国家が誕生し、都市も出現しました。官僚組織が制度化され、行政組織も整備されました。戸籍がつくられ、戸主も決められました。貨幣経済も始まり、相聞《そうもん》歌(恋歌)にみられるように「恋愛」もあったのです。そんな時代を背景に、〈われ〉は露骨な形で突出しはじめ、万葉集において初めて、歌に作者のクレジット(作者名)が打たれるようになりました。幸いにして、時代がまだ貴族社会の草創期であったため、のちの平安時代のように自己表出を忌み嫌う風潮もありませんでした。それゆえ、のちの勅撰《ちょくせん》集(古今和歌集・新古今和歌集)に比べて、万葉集には〈われ〉の表出が多く見られるのだということです。

しかし、このことから「日本語にも一人称の主語があったではないか」と考えるのは、やや早計であると思われます。この頃の〈われ〉はまだ複数形の〈われら〉と未分化なものであり、必ずしも個人を指すものとは限りませんでした。また、あくまで「そと」に対する「うち」としての〈われら〉が〈われ〉として詠まれている色彩が強く、内容としても、独我的な「モノローグ」の世界に留《とど》まっているものです。恋愛感情のやり取りである相聞歌は、形式上は「ダイアローグ」に見えますが、そもそも恋愛とは、互いの「モノローグ」と「モノローグ」が稀《まれ》なる協和音を奏でたときに成立するものであり、やはり実質は「モノローグ」であると見るべきでしょう。

その意味で、万葉の〈われ〉は、西洋近代的一人称とはまだ随分隔たった段階に留まったものだったと言えるでしょう。しかも、そのあとの時代においては、自己表出は「品の悪いもの」として忌避される傾向が強まっていき、万葉の時代のかすかな「自我の目覚め」は、残念ながら中途で頓挫《とんざ》してしまい、明治維新まで長い眠りに就くことになったのです。

「主語」が作られてきた日本語

先ほど「日本語に主語はない」という説をご紹介しましたが、一方、日本語が明治維新以降に激しく変質してきた流れにも目を向けておく必要があると思います。翻訳論・比較文化論を専門とする柳父章氏は『近代日本語の思想』（二〇〇四年）という著作において、近代以降、日本語は書き言葉を中心に、翻訳文をモデルとした新しい日本語を作ってきた歴史があることを指摘しています。

柳父氏は、明治二二年に作られた大日本帝国憲法が、プロイセン憲法を元にドイツ人が起草した試案から作られた翻訳文体であったことを指摘し、これが「これ以後の日本の文体に対して決定的な影響を与えた」と述べています。ここから「主語」や「〜は」という文体が、まずは学術論文や法律文に登場するようになり、その後、夏目漱石の小説を始めとして文学作品でも新しい文体が積極的に用いられるようになって(『吾輩は猫である』など)、次第に書き言葉として定着していった流れがあったのです。また、切れ目のなかった日本文に句読点が生じ、初めと終わりのある「文」の体裁が整ったのも近代初期以降のことだったようです。

現代の日本人は、普段は「主語」のない話し言葉で会話し、一方で「主語」を立てる書き言葉を読んだり書いたりしています。このように、言わば二重の言語生活を行なっているということは、日常ではあまり意識に上らないことかも知れません。しかし、こうして考えてみたときに、この二重の言語生活というものが、私たちの内部に二重の価値規範を作っている可能性もあるのではないかという疑問が浮上してくるのです。

異文化受容の日本的スタイル

このように日本語も、明治期の西洋文化受容期にかなりの変化をこうむって来たことは確かです。しかしそのような変化によって、日本語や日本人は、果たしてどれほど世界観自体を変えたのでしょうか。

評論家・柄谷行人氏は著書『日本精神分析』(一九九七・二〇〇二年)において、丸山真男氏の「日本は外来思想受容に際して、空間的にただ〈雑居〉が起こるようなシステムになっている」という説を引き、これが日本語の文字使用の特性に由来するのではないかと考察しています。ひらがな・カタカナ・漢字という「三種の文字を使って語の出自を区別している集団は、日本のほかには存在しない」のであり、また、漢字を訓読みして「外来的な漢字を内面化する」

ことも、他の言語には見られない特徴であると柄谷氏は指摘します。そして、この表記システムを使って、外来のものを一見積極的に受け入れるように見えながら、本質的なところで受け入れはしないということが日本では古くから繰り返し行われて来たのだと論じています。

日本が四方を海に囲まれた島国であり、また朝鮮半島の存在も図らずして緩衝地帯として機能したので、これまで一度も世界帝国による軍事的な征服や支配を受けることがなかった。それゆえ日本は、言語的に征服されて母語を断念させられるようなこともなかった。そういう歴史があったからこそ、日本人はこれまで主体を立てたり意識したりせずに来られたのだ、と柄谷氏は考察します。

確かに「主体を意識する」ということは、主体が脅《おびや》かされてはじめて生ずるものであると言えるでしょう。ちょうど二～三歳児の主体意識の芽生えが、指示されることに対する「イヤイヤ」の形で表れるように、制約や禁止こそが、人間の主体意識を生みだす契機となると考えられるからです。

柄谷氏と同様の指摘が、本居宣長の「漢意《からごころ》」を扱った長谷川三千子氏の『からごころ』（一九八四年）という論考の中にも見つかります。

……すなはち「いやしくも漢字で書かれたものはすべて中国語である」といふあの暗黙の大原

則を恬淡と「無視」することによつて、「漢字の言霊」を完全に無力にしてしまふことができたからなのである。「仮字《カナ》」が大発明であるといふ所以はここにある。それに反抗することが即ちそれに縛られることであるやうな、さういふ強大な異文化の力と闘ふにあたつて、我々の祖先は、唯一可能な道を見つけたのである。つまり、それが「異なる原理」をもつものであるといふことを、徹底的に「無視」してしまふこと。無視してゐるなどといふことにさへ全く気付かぬほど完璧に無視してしまふこと。それによって、他の民族が悪戦苦闘したその闘ひを、闘はずして勝つたのである。

長谷川氏はこの「無視の構造」を日本文化の根本構造と見て、それがあったがゆえに日本人が日本人らしさを温存してきたのだと、功罪両面から論じています。これもまた、異文化受容の日本的スタイルの本質を見事に言い当てたものです。つまり、異文化という〈異物〉は、その〈異物性〉を自動的に「無視」する日本語の巧妙なシステムによって、つまり、「受け容れつつ受け容れない」という「ハイカラ」な二重構造によって、処理されるのです。

このように、文明としての主体が脅かされるような経験を「三種の文字を使う日本語のシステム」を用いて巧みに逃れ、また、国家としても侵略や言語的制圧を免れてきた日本や日本人は、これまで自らを客観視して「主語」を立てる必要性を、深いところで感じなかったのだと言えるでしょう。そしてそれは、今日まで脈々と継承されてきています。

西欧における個人意識の誕生

さて一方、西欧においては歴史的にどのようないきさつがあって、個人の主体意識というものが芽生えたのでしょうか。

哲学者ミシェル・フーコーは、彼の代表的著作である『性の歴史』において、西欧人が中世以降、性を強烈に意識しその欲望を増大させた背景として、カトリック教会の告解制度があったと述べています。当時の教会では快楽は罪とされており、特に信者の性生活について微に入り細にわたり神父に告解することが義務付けられていました。これが逆に、人々の性への意識を強め、欲望を増大させ、個人意識やプライバシーの概念をも生み出したのだというのです。まさに、禁止、制約が個人の主体意識の契機となったのでした。

ヨーロッパには、数々の侵略、征服が繰り返されてきた歴史があり、さらにフーコーが指摘したようにキリスト教による個人の内面への支配もあった。つまり、異民族や異文化という「他者」との頻繁な遭遇があり、「他者」による主体の侵害も頻繁に行われてきたのです。そこからおのずと自我意識や他者意識も目覚め、権利闘争や社会革命も生じました。つまり、「主体」の自然状態を侵害する「他者」が様々な形で現われたがゆえに、彼らは「主体」を確保しなければならなかった、と同時に、「他者」を理解する必要も生じたわけです。

そういったヨーロッパの歴史が、「強調された自己主張」と「他の主体への恐れ」を生み出したのも当然のことだったと考えられるでしょう。そしてこれが、「個人主義」精神の母体となったと考えられます。

「主語」を立て、すべての人称を俯瞰《ふかん》で捉える方向へとヨーロッパの言語が変貌を遂げたのは、このような歴史からすれば、ごく自然な成り行きであったわけです。

Subject の訳語

金谷氏の著書(『英語にも主語はなかった』)でも言及されていることですが、日本語で「主語」と訳されている subject とは、sub- という接頭辞が「下に」、ject が「投げられた」という語源を持つ単語であり、本来は身分の低い者、すなわち臣下、家来などを指していたものでした。これが、日本語では「主語」「主体」「主観」「主題」などに訳し分けられているのですが、なぜか、始めから家来が主人になってしまった形で明治期に輸入されたことになります。つまり、日本語に subject が訳されたときに、この subject が負ってきた流血を伴う長い歴史は抜き去られた形で、明治期にいきなり「主語」「主体」として輸入されたわけです。「主語」のない日本語の世界観の中で「主体」を意識する必要もなく、まだ「主体」に目覚めてもいなかった日本人のもとに、subject は歴史と実体を抜かれた形で翻訳され、唐突に立ち現われたものだったのです。

「個人」「社会」という訳語の誕生

このように明治期に突如現れた言葉は「主語」や「主体」だけではありません。近代社会や近代的個人にまつわるさまざまな言葉や概念が、次々とこの時期に訳語として産み落とされました。

西洋中世史の研究者、阿部謹也氏の晩年の代表的著作『「世間」とは何か』（一九九五年）に、次のような記述があります。

明治十年（一八七七）頃に society の訳語として社会という言葉がつくられた。そして同十七年頃に individual の訳語として個人という言葉が定着した。それ以前にはわが国には社会という言葉も個人という言葉もなかったのである。ということは、わが国にはそれ以前には、現在のような意味の社会という概念も個人という概念もなかったことを意味している。では現在の社会に当たることばがなかったのかと問えばそうではない。世の中、世、世間という言葉があり、時代によって意味は異なるが、時には現在の社会に近い意味で用いられることもあったのである。

明治以降社会という言葉が通用するようになってから、私達は本来欧米でつくられたこの言葉を使ってわが国の現象を説明するようになり、そのためにその概念が本来持っていた意味とわが国の実状との間の乖離《かいり》が無視される傾向が出てきたのである。

欧米の社会という言葉は本来個人がつくる社会を意味しており、個人が前提であった。しかしわが国では個人という概念は訳語としてできたものの、その内容は欧米の個人とは似ても似つかないものであった。欧米の意味での個人が生まれていないのに社会という言葉が通用するようになってから、少なくとも文章のうえではあたかも欧米流の社会があるかのような幻想が生まれたのである。……

このように「社会」や「個人」という概念も、かの日本的な、受け入れつつ受け入れないという二重構造スタイルで受容されたものであることが分かります。阿部氏はこれ以降の著作においても、日本が今日に至ってもなお「社会」の名の下で実質的には「世間」を温存していることを、かさねがさね論じています。

『日本社会で生きるということ』（一九九九年）に収められている『「世間」とは何か』という講演において阿部氏は、ヨーロッパにも昔は「世間」があったのだということを述べています。

……日本人がヨーロッパ人と根本的に違うのは、個人と社会の関係なんですが、それがどうしてヨーロッパと日本では違うのか、そういうことを調べていきますと、中世の十二世紀ぐらいまでは日本もヨーロッパも基本的には変わらなかった。…（中略）…十二世紀ぐらいまではヨーロッパにも「世間」があったと私は思います。「世間」とは何かというと非常にはっきりしています。つまり個人がいないということです。…（中略）…個人がいないということはどういうことか。一人ひとりが集団の中に埋没しているためです。あえて言えば日本にも個人がいないと私は思っています。それはヨーロッパ的な意味での個人です。…（中略）…ヨーロッパの個人は十二世紀に生まれたのです。

この、ヨーロッパにおける「個人」と「社会」の誕生の歴史は、前に触れた印欧語の歴史と興味深い対応関係にあることが見えてきます。

ヨーロッパにおいても昔は「主語」も「個人」も「社会」もなかったわけですが、ヨーロッパに「個人」が誕生した一二世紀とは、英語では古英語から中英語に変わって間もない頃の時期に相当し、ちょうど主語の義務化が起こるようになってきた頃なのです。「個人」に目覚め「主体」意識が登場してきたことと、言語的に「主語」が必ず立てられるようになったことは、やはり密接な並行的関係にあったわけです。

一方日本の場合は、言語の上で「主語」を立てるという変化は、開国という「外発的」圧力によって書き言葉の上に唐突に生じたけれども、けっしてそれは「内発的」に起こったものではありませんでした。それゆえ日本語においては、「主語」というものが表面的にはあるように見えるけれども、実質的には存在しないという奇妙な二重構造が生じたのです。

「である」と「する」の狭間で

戦後の代表的政治思想家・丸山真男氏は『日本の思想』（一九六一年）の第Ⅳ章で、『「である」ことと「する」こと』というタイトルのもと、現代日本社会の内部に〈「である」社会〉と〈「する」社会〉という二つの異質な要素が混在していることを論じています。この二種類の社会とは、まさに先ほど「世間」と「社会」という言い方で示されていたものにほかなりません。丸山氏は、日本が急激な近代化によって陥った状態について、こう記しています。

> ……近代日本のダイナミックな「躍進」の背景には、たしかにこうした「する」価値への転換が作用していたことはうたがいないことです。けれども同時に、日本の近代の「宿命的」な混乱は、一方で「する」価値が猛烈な勢いで滲透しながら、他方では強じんに「である」価値が根をはり、そのうえ、「する」原理をたてまえとする組織が、しばしば「である」社会のモラルによってセメント化されてきたところに発しているわけなのです。

伝統的な「身分」が急激に崩壊しながら、他方で自発的な集団形成と自主的なコミュニケーションの発達が妨げられ、会議と討論の社会的基礎が成熟しないときにどういうことになるか。

> 続々とできる近代的組織や制度は、それぞれ多少とも閉鎖的な「部落」を形成し、そこでは「うち」のメンバーの意識と「うちらしく」の道徳が大手をふって通用します。しかも一歩「そと」に出れば、武士とか町人とかの「である」社会の作法はもはや通用しないようなあかの他人との接触がまちかまえている。人々は大小さまざまの「うち」的集団に関係しながら、しかもそれぞれの集団によって「する」価値の浸潤の程度はさまざまなのですから、どうしても同じ人間が「場所がら」に応じていろいろにふるまい方を使い分けなければならなくなります。私たち日本人が「である」行動様式と「する」行動様式とのゴッタ返しのなかで多少ともノイローゼ症状を呈していることは、すでに明治末年に漱石がするどく見抜いていたところです。
>
> （傍点は原文のまま）

この熱気に満ちた丸山氏の指摘からすでに半世紀弱を経過していますが、残念ながら今日においても、日本の実情はほとんど変わっていないと言わざるを得ません。

「である」と「する」の狭間で、文字通り「ノイローゼ症状」に追い込まれたクライアント（患者さん）たちを日々診ている私にとっては、これがいかに正鵠《せいこう》を得た問題意識であるのかが、痛いほど感じられます。実際、日本において精神療法、心理療法を行うということは、かなりの割合でこのテーマを扱うことにほかなりません（フロイトの言うエディプス・コンプレックスを扱わなければならないようなケースは、このテーマを扱うことに比べれば、ごくごく稀《まれ》と言えるくらいの頻度なのです）。

しかし、現場のセラピストや教育者が十分にこの事実に目を向けているとは、残念ながら言い難いのが実状です。彼らは、この問題に気づいていながらもそこに目を向けることを怠っているわけではないだろうと思います。むしろ多くの場合、彼らがかの器用な「二重構造」を用いて欧米の心理学理論を「ハイカラ」に採り入れているがゆえに、日本的な「である」価値観が自らの根底に根強く存在していることに無自覚なのではないかと思われるのです。そもそも、人間は自覚できていない偏りを内に持っている場合、相手の中にそれがあっても見逃してしまう性質があるものです。そうなりますと、クライアントの中に潜む「である」価値観が問題である場合にも、セラピストがそこに気付けないのではないかと考えられるのです。

私たちの内面にこの二つの相容れない性質のものが同居している状況は、現代においては、丸山氏が指摘した半世紀前よりもさらに大きな問題をひき起こす原因になってきているのではないかと思われます。今日の「グローバル化」という状況は、明らかに、「する」価値観が主導権をもった形で、世界の一元化に向けた動きを推し進めてきています。そんな世界情勢の中で、「である」価値観を「する」価値観でセメント化するという日本人の二重構造は、近い将来、完全に破綻《たん》をきたしてしまうのではないかと、強く危惧せざるを得ません。

第2章　世間と言葉

～世間内言語について～

モノローグ的世界

「ここで話すようになって、生まれて初めて『会話』をしたように感じます」

これまで何人ものクライアント(患者さん)から私が耳にした言葉です。いずれの方も、少なくとも二〇年以上は生きて来られているはずですが、「初めて『会話』をした」とおっしゃるのはなぜなのでしょう。

クライアントは、真の意味でのダイアローグ(対話)が存在しない「世間」の中で、自分が感じる違和感や様々な疑問について、話す相手もなく、途方に暮れて過してきたのではないかと思われます。もちろん、家族や友人がいなかったというわけではありません。いくらでも周りに人間はいたのです。しかしながら、ダイアローグ(対話)ができる相手が、その中にはいなかったということだったのです。

彼らはそれまで、モノローグ的「世間」に閉じ込められていた、という言い方もできるでしょう。「世間」は、同質性によって結びついている共同体です。周りとたいして変わらない感性を持ち、同じような価値観を共有している場合には、モノローグ(独り言)とモノローグが交わされているようなやり取りであっても、それが見かけ上「コミュニケーション」に見えたりもするでしょう。しかし、ひとたびこの同質性の枠からどちらか一方でも逸脱した場合には、同じ日本語で喋《しゃべ》っているにもかかわらず、会話は波長の違うモノローグ同士がかみ合わないままに平行線をたどることになって、ダイアローグ(対話)の不在が顕《あら》わになってしまうのです。

日本語にモノローグ的性質を指摘していた池上嘉彦氏は、こう述べています。

……日本語は相対的に〈主観性〉をかなり色濃く内蔵する言語と言えよう。〈主観性〉が強いということは、言語が〈モノローグ〉として機能する限りはそれでもよかろう。しかし、コミュニケーションを意図した〈ダイアローグ〉の言語として機能するためには、強い〈主観性〉がある程度は補正されることが必要である。

(『英語の感覚・日本語の感覚』)

ここで、ダイアローグ(対話)とは何かということについて考えてみましょう。

ダイアローグとは、異なった主体と主体が、つまり互いに異なった内界を持つ「他者」同士が、言葉という不完全で不器用なツールを用い、理解し得ないはずの相手を少しでも理解しようと話し合い、そこから単独の主体だけではたどり着けなかったような新しい認識に到達することを目指す行為です。つまり、西洋的な「個人」という認識を前提として、その上にかろうじて成り立つものがダイアローグなのです。池上氏の言う「〈主観性〉の補正」とは、相手が自分とは異なった主観を有する別の「個人」であることを認識することから始まるものです。

私たち日本人が普段行っている「話し合い」というものは、家族同士の会話から国会議員の論戦に至るまで、それはおよそこのような「対話」とはかけ離れたものがほとんどであると言わざるを得ません。いかに見かけが近代的な様相をとっているにせよ、実質的に行われている会話は、同質性を前提とした同意、同調の確認や押し付け、喧嘩《けんか》、または単なる情報交換や噂話、そして自分たちの仲間ではない「そと」への批判が主たる内容なのです。

察する文化

欧米人の会話ではおもに「話し手責任」が重視されるのに比べて、日本人の会話においては「聞き手責任」が大きいことを池上氏は先の著書(『英語の感覚・日本語の感覚』)で指摘しています。これは日本が「察する文化」であることと符合しています。

話し手がモノローグ的に投げかけた話でも、聞き手が話し手と「うち」の関係にあるのであれば当然「受け取れるはずだ」あるいは「受け取るべきである」というのが、「世間」の論理です。そのような「空気」が「世間」内には充満しているわけですが、これこそが「聞き手責任」を成立させているのです。

さらに「察する文化」においては、言葉などを発する前に、ちょっとした表情や雰囲気から相手の意向を察することがより望ましいことだとされています。「フロ」「メシ」「ネル」程度の単語で済ませる古風な家長の在り方などがその代表でしょう。とにかく、限りなく言葉は少ないに越したことはない。それが、親密さの証《あかし》だと捉《とら》えられているわけです。少なくとも欧米にはないものと思われる「クラブ」(古典的な方)などでは、客がタバコを出そうとする気配だけですかさずホステスさんが察してライターを準備し、絶妙なタイミングで火を点けてくれますが、これが「察する文化」の一つの理想形なのだろうと思われます。こういうサービスを「気が効いている」ものとして客は享受するわけです。

また、察するとは、「人の顔色をうかがう」という神経症性に直結した態度なのですが、日本人に広く染み渡っている神経症性とは、まさしくこの「察する文化」が本態なのです(神経症性については、第3章で詳しく取り上げます)。

考えてみますと、このようなコミュニケーション様式は、乳児と母親の関係に酷似しています。ただ泣くことしかできない乳児に対し、母親はほんのわずかな兆候から、オッパイなのかオムツなのか眠いのか等を見分けて対応するわけですが、これはもちろん乳児が言葉で自己主張できない未熟な状態にあるために必然的に行われるものです。しかし、これと同じようなことが、十分に言葉を発することのできる大人になっても続けられているのが、モノローグ的世界の「察する文化」なのです。

思想の可能性

日常生活の中での用を足すという程度のことであれば、そのような共通の了承に基づいてのことばの使用ということだけで一応ことがすむかも知れない。しかし、もし日常的な生活経験の域を越えるような新しい発見、印象、そして洞察などについて語るとしたら、どうしたらよいか。日常的な経験を語るのであれば、日常的なことば遣いで間に合う。――このことは逆に言えば、日常的なことば遣いの枠内で安住している限り、私たちは日常的な経験の域を越えてものを感じ、考え、語ることはできないということである。

(『英語の感覚・日本語の感覚』)

池上嘉彦氏は先ほども引用した著作でこのように述べ、続いて哲学者ヴィトゲンシュタインの「私のことばの限界は、私の世界の限界である」という有名な一節を引いています。

モノローグ的言語世界では、人は自分の日常経験を超えて他者の経験を理解したり、不可解なものについて思考したりするために理性が用いられるのではなく、相手や世間のご機嫌をうかがい、意見のずれが生じないようにするために理性が駆使されます。これではダイアローグが成立しないというだけでなく、一個の人間がものを考えたり感じたりする上でも、世間とのしがらみに気を取られ、思考内容までもが変質させられてしまうことになりかねません。

思想家、森有正氏もこの問題について次のように述べています。

……今私は、この「命題」をむつかしい、論理学で定義されるような厳密な意味においてではなく、「判断を言語であらわしたもの」（岩波『広辞苑』）というごく普通の意味に解する。一つの命題には、主語と賓辞があり、それが繫辞によって関係づけられて結合されている。…（中略）…ただその際（泉谷注　思想が形成されて来る際）必要なことは、そういう操作は、凡て言葉が命題を構成することによって行われるのであるが、その言葉は、それ自体の中に意味を荷なう概念であって、その言葉の中に「現実嵌入」が絶対に起ってはならないのである。それが起ると精神はその自由な操作を行なうことが出来なくなり、現実との接触から起る「情動」に左右されて精神であることを止めてしまうのである。…（中略）…そしてこの命題性はヨーロッパ語文法の基本的性格をなしている。「現実嵌入」が言語の一部となってしまっている日本語、更にそれと一体になっている経験が、こういう次第であるのは、思想というものに対して殆んど致命的であるように思われる。と言うのは、「思想」というものはそういうものである。すなわち現実嵌入を徹底的に排除することより外のことではないからである。

（『経験と思想』　傍点は原文のまま）

森氏の言う「現実嵌入《かん》」とは、「現実」が割り込むように嵌《はま》り込んでくることを指す言葉ですが、この「現実」とは、相手との関係や「世間」的しがらみを含むような内容のことです。そのような「現実」を常に考慮に入れなければならないような日本語の不自由さは、およそ「思想」というものを築き上げるうえで致命的な問題がある、と森氏は言っているのです。

確かに思想というものは、ある「純度」を保った状態で思考を進めていかなければ築き上げることができません。「情動」による干渉は、思考にとって最大の「不純物」なのですが、これが用いる言語そのものから滲《しん》入してきているということは、実に厄介なことです。

「思想」というと抽象的に感じられるかもしれませんが、これは何も特別なことなのではありません。「きちんと考えること」と言い換えても構いません。私の行っている精神療法を例にとって考えてみましょう。

精神療法においてクライアントの悩みを扱うということは、すなわち「悩み方」をガイドしていく作業を行うことなのですが、ここでも「現実嵌入」をいかに排して行けるかが鍵になってきます。「悩む」ことも「考える」ことであることに変わりはなく、これが難航している場合には、そこにすべからく「情動」の干渉が認められるのです。たとえば、自己否定的感情が強く引力として作用している場合には、思考はかならず自己否定を証拠立てるようにカーブします。例えば、「どうせ私なんかいなければいいんでしょ」という場合、「どうせ」という単語がいじけた「情動」を発していて、相手に「そんなことないよ」と否定してくれることを強要しているわけですし、「結局私はダメなんです」となれば、「結局」という単語は論理的帰結を示す意味が既に失われており、悲観的感情によって否定的な結論に一挙に飛躍する作用を行なっているのです。

このような言葉を投げかけられたときセラピスト(治療者)は、治療関係の場に「現実嵌入《かん》」が起こり、情緒的な投網《とあみ》をかけられたような状況に置かれます。本来は悩みを解決するために共に考えを整理して進めていくべき場なのですが、これが、一気に情緒的な抱擁を強いられる場に変質してしまうわけです。もちろん、このような強制に応じることはセラピーからの大きな逸脱であり、そんなことをすれば間違いなくセラピーは難航してしまいます。ですからセラピストには、この投網に捕獲されずかつクライアントを情緒的に傷つけないようにしながら、本来の「考える」作業に軌道修正していくことが求められます。これは、なかなかに技術を要することです。

「世間」の特質

このような性質の言語が飛び交うような世界、すなわち、私たちの棲《す》む「世間」とは、一体どんな性格の集団なのでしょうか。

「世間」とは、家族、恋人、友人関係のような小さなものから、国民全体や国家のグループに至るまで大小様々あると考えられます。ほかにも近所、親戚、同級会、同窓会、趣味のサークル、町内会、職場、職能別団体や組合、学会、文壇、楽壇、画壇、芸能界、流派、政党、派閥、子供の保護者グループ、同じ不満を持つ者のグループ、飲食店の常連、マスメディアの視聴者、スポーツチームやタレント・ミュージシャンなどのファンや〝追っかけ〟、インターネット上の掲示板やコミュニティに集まる人々等々、いくらでも「世間」は存在します。そして一人の人間が目に見えぬおびただしい数の「世間」に属しているものであり、しかも、時と場所や状況によって、属する「世間」はいくらでも流動的に変化するものでもあります。

「世間」は、同質性や均質性を結合原理としてもつ集団であり、それは暗黙の掟《おきて》によって統制されています。そこは、年齢や地位、キャリアの長さなどによる「タテ社会」であり、下克上は原則的に禁じられています。また、その「世間」のボスでさえも、その「世間」にとって不名誉や不利益となる状態を生じた場合には、簡単に排除され、すげ替えられることすらあります。

また、元来は合理的目的のために形成された集団であっても、それが時間とともに「世間」的色彩を帯びてくることも珍しくありません。そうなりますと、元々の目的よりもその「世間」性が温存されることが優先されて集団は変質し、価値判断までも変わってしまいます。稲垣重雄氏は『法律より怖い会社の掟』(二〇〇八年)という本で、会社が「世間」的に変質していく実態を詳しく論じています。

また「世間」では、「ヨコ」の競争は名目上は排除されており、一旦そこに属してしまえばぬるま湯的な快適さがあります。その分、スタンドプレイ(目立つ行為)は忌み嫌われ、足を引っ張られることとなります。

「世間」への新規参入者は、通過儀礼として「しごき」という名のいじめを受けることになっており、これに従順でない場合は「生意気」だとして一層のしごきを受けることになります。これは、理不尽なことを強制することによって、その「世間」に反発しない忠誠心があることを確認するプロセスであり、懐疑的理性を麻痺《ひ》させて「世間」への従順な適応を図るための洗脳プロセスでもあるとも考えられるでしょう。「世間」内で「大人になる」とは、その「世間」に都合の良いように心理的に去勢されることを指します。

「世間」が各人の行動を規制する原理は、他の構成員に「どう思われるか」ということを最重要と考える神経症的傾向を利用したものです。ですから、「噂」「評判」というものが、大きな意味と力を持ってしまうのです。

さらに「世間」内では、個人が責任を負うことが可能な限り回避される傾向があって、「個人的にはそう思わないが」という言い逃れがよく使われます。よって、構成員に対して批判、制裁を加える場面においても、「私はいいと思うけど、皆が許さないと思うよ」といった形をとることが多いのです。

「世間」は同質性が結合原理ですから、「世間」内においては価値観が同じであることが求められます。つまり、批判も賛美も共有されなければならないのです。しかしながら、その価値観自体は刹那《せつな》的で感情的な色彩が強く、一貫性に乏しい浮動的なものです。たとえば、その「世間」がある時に排除し価値を否定したものでも、その「世間」がコンプレックスを抱いているような外部集団が高い評価を下した場合には、手のひらを返したように評価を逆転させます。日本の「世間」が感情的に排除し認めなかった人物が、ひとたび海外で大成功を収めると、手のひらを返したように「世間」がプラスの評価に転じることはよく見られる現象です。つまり対象への評価も、一貫性のある価値基準や「思想」によっているのではなく、権威主義的な力関係や情緒的なものによった、近視眼的で相対的なものに過ぎないのです。

また「世間」は内部で何らかの対立や反発が起こっても、「ほとぼりが冷める」という言葉に示されるように、単に時間が経って熱が冷めることによって、問題だった内容が何も変わっていなくても、何事もなかったかのように「不問に付す」ことがよくあります。これも、「世間」では「思想」や「発言」がいかに軽佻《けいちょう》浮薄《ふはく》な意味しか持たないものなのかを如実に示しているものでしょう。時代の状況の変化に応じて、何の苦悩もなく器用に思想的転向をする人間が多いのも、「思想」が所詮《せん》アクセサリー的なものに過ぎず、容易に取り換え可能な根の浅いものであることの表れなのです。

「世間」内での会話

「世間」内の会話では、「～よね」「～と思わない？」「～でしょ？」「普通～しない？」といった同質性の確認や同意の強制が頻繁に行われ、それに同意するか否かが「踏み絵」の判断材料になります。独自の視点や新たな意見は、まずめったに歓迎されません。

「世間」は個人の都合というものを認めないので、個人的事情があったとしても、連絡へのレスポンスが遅いことは許されません。また、頻繁に群れることが重要な絆《きずな》の確認になっており、それに参加しないことは暗黙の反逆と見做《みな》されかねません。

また「世間」では、事実よりも噂《うわさ》の方が大きな意味を持ちます。たとえ無実であったとしても、「世間」を騒がせること自体が大きな罪と捉《とら》えられるのです。

「世間」は、その外部に仮想の敵を想定して連帯を強化します。それは、仮想敵との関係において自分たちは被害者であるという意識を共有し、連帯を強めるからくりがあるからです。しかし「世間」内においても、会話の場面にいない者は、悪口の対象にされてしまう可能性が常にあります。これは、不在者が一時的にせよ、その「世間」の「そと」の者と認識されるためでしょう。それゆえに、その不在者が戻って来て再び会話に参加すれば、その悪口は「なかったかのように」隠ぺいされます。

「世間」では連帯感を強化し部外者を排除するために、外部の人間には理解できないようなジャルゴン(内輪にだけ通じるような隠語・略語)を多用します。また、親密度が増せば増すほど、「言わずもがな」の比率も増えてきます。つまり先ほど触れたように、言葉の使用は減り、「察する」という行為が増えることになるのです。いわゆる「空気を読む」の「空気」とは、このような「言葉の省略された前提」のことを言うのです。

この「世間」の暗黙のコードを逸脱した者、つまり「空気が読めない」者には、見せしめとして徹底的吊《つ》るし上げや村八分的な「無視」という制裁が加えられます。それは構成員が「気が済む」まで行われることが特徴で、法律に反した場合の刑罰等とは異なり、あくまでウエット(情緒的)なものです。しかし、「気が済み」「ほとぼりが冷め」ますといとも簡単に赦免してしまうのも特徴的です。

「世間」内言語

このような「世間」の性質は、当然、そこで用いられている言語の性質と切っても切れない密接な関係があると考えられます。

使用される言語の性質や多用される表現例を思いつくままにまとめてみると、次のようになるでしょう。

◆「タテ社会」的傾向

一人称・二人称代名詞が、相対的な上下関係により使い分けられる。敬語表現の発達。目上に対して二人称代名詞は使えず、職名や地位を用いて代用する。

◆去勢的傾向・ルサンチマン（怨恨）の表出

（「生意気だ」「調子に乗っている」「いい気になって」「それ見たことか」）

◆スタンドプレイの忌避

一人称主語を立てた陳述を避ける。文末や語尾表現で断定を避け、曖昧にしたがる傾向（「～みたいな」「～と思うんですけど…」「～だったりして」）。伝聞表現の多用（「～らしいよ」「～がそう言ってたよ」）。

◆神経症性

他人や集団からどう思われるかを殺し文句に用いる（「そんなことしたら、みんなに笑われるよ」「世間様に顔向けできない」「変な噂が立ってるよ」）。他者との比較（「先進国の一員として恥ずかしい」「みんなそうしてるよ」「普通～するでしょ」）。

◆個人責任の回避・集団の意見による代用

一人称単数の主語で肝心な意見を述べることを避ける(「私はいいと思うけど、みんなが許さないと思うわよ」「みんなに迷惑がかかると思うよ」「それでは国民が黙っていません」)。

◆同質性の確認・同意の強制

付加疑問文的な語尾の多用(「~よね」「~と思わない?」「~でしょ?」「普通、~しない?」)。

◆悪口・批判による連帯の強化

話題の中心が噂話や蔭口になる。

◆「うち」と「そと」へのこだわり

自分を指して「うち」と言う青少年の増加。「私はこう思う」ではなく「うちではこうしている」とすり替える表現。

◆排他性

ジャルゴン(隠語、略語、あだ名など)の多用。特定の人間にしか共有されていない話題を、説明なしに平気で持ち出す。

◆「察する」文化

言葉で表現せずに、視線やしぐさなどで察してもらおうとする。婉曲表現を使って暗に示す。

◆逸脱者への制裁

無視。仲間外れ。直接は言わずに、当てつけや聞えよがしの非難。他人行儀になり、慇懃無礼な表現を使う。

◆独善的・断定的な価値観

（「大人になるとは、そういうものだ」「そうに決まっている」）

◆旧癖(伝統)による判断

（「前例がない」「みんなそうやってきたのだ」）

◆モノローグ的

聞き手がそのことを知っているか否かを吟味せずに、わかるものとして平気でジャルゴンを使用する。聞き手に対して閉じた言説(答えようのない言葉)を吐き出す(「本当は来たくなかったんです」)。

◆カメレオン的変貌

文末や語尾をあいまいにして、相手や場の様子次第で結論をいかようにも変更できるようにする。結論を言わない(「～なんだけど…」「～だったんだけどさ…」「～だったりして」「～とか」「～みたいな」「～的な」）。

◆情動の嵌《かん》入

（「結局～」「どうせ～」）

◆相手に決めさせる丸投げ的質問

（「～はどうする？」「どうしたらいい？」「どこ行く？」「何食べる？」「どんな感じ？」「～については……？」）

◆聞き手責任

同じ前提がない聞き手にもわかるようにする配慮が極端に不足した表現。

◆懐疑的精神の排除

疑問を一方的に封じ込める言い方（「そんなことは考えなくてもいい。ただ黙って言われたとおりにやっていればいいんだ」）。

（これらは、明瞭にそれぞれの項目に分類しきれる性質のものではないので、各用例がほかの項目の要素を含んでいたりするのはご容赦下さい）

このようにして見てみますと、言い方だけでなく言説内容そのものにも「世間」の「空気」が濃密に充満していることがはっきり認められると思います。日本語の文法的特徴も分かちがたく含まれてくる部分もありますが、私はこのような性質をもつ言語を包括的に《「世間」内言語》と名付けておきたいと思います。

行動規範としての「世間」の終焉

しかしながら、日本のような「世間」的共同体において、「世間」は古くから行動規範として機能してきたという側面があることもまた事実です。もちろん、法治国家として表むき近代化を遂げてきてはいるのですが、実質的には法の運用や解釈の次元ですらも「世間」的要素の混入を十分に免れて来たとは言えない側面もあると思われます。さらに、常に裁きを行なってきたのは、実のところ法律よりも「世間」であったとも言えるのではないかと思います。

ところが近頃では、この行動規範としての「世間」の作用自体も機能不全に陥り、末期的状況を呈してきているように思われます。次々と明るみになった偽装問題、しごきの名目下での行き過ぎた暴力の問題やアカデミックハラスメント(学内の師弟関係におけるパワーハラスメント)などはその氷山の一角に過ぎないものと思われます。いずれも旧態依然としたそれぞれの「世間」集団内のしきたりに従った慣行が、個人の権利意識や遵法意識の変化によって次々と告発され、断罪されるようになって来ているのです。これは、「世間」という規範が、必ずしも法に則《のっと》った上での正義とは一致しない独善的正義に基づいていたためにおこってきた問題です。

また、「失言」というものが、以前より目立ってヒステリックな形でバッシングを受けるようになってきました。ある発言に「傷つけられた」という人が少しでもあれば、マスコミという増幅装置も関与して、目に見えぬ世論という「世間」が持ち出され、発言者は制裁されてしまいます。特に政治家や芸能人など「人気商売」の人たちを、法律の裁きなどなくとも「風評」を使って簡単に失墜させることができるということが、ある種のサディスティックな快感を生んでいるようにも思われます。これは、「世間」の持つ制裁機能の暴走と見ることができるでしょう。

また一方、昔のような大きな「世間」が成り立ちにくくなり、多種多様な小「世間」が無数に生まれ、特にインターネット上などではそれらの小「世間」同士が対立し、匿名性を背景に暴徒化し、なじり合っていることも珍しくありません。元々「世間」は匿名性を特徴としたものでしたが、それがインターネットの持つ匿名性を味方につけて増幅、膨張し、「世間」の持つ排他性がむき出しの形で顕《あらわ》になってきたのではないかと思われます。

情報化の進展により、一昔前まで「常識」と呼んでいたような大きな共通理解や価値観の画一性は、もはや成り立ち得ません。「世間」というものは、もはや、あるバランスをもった行動規範を提供するようなものではなくなり、今日では、ひたすら悪癖を露呈する壊れた装置になり下がってしまったのです。

そもそも「世間」とは、「異人」との遭遇などめったに起こらない閉じたムラ社会的な原始共同体にこそ似つかわしかった形態だったのであって、今日の状況で破綻《たん》を来たしたのも当然の宿命であったと言えるでしょう。

第3章　自他の区別

0人称の自他

日本語の「現実嵌入《かん》」を指摘した森有正氏は、フランスに暮らし、フランス人に日本語を教える職についていました。その経験から森氏は「人称」という概念を用いて、日本人と西洋人の人間関係や個人の在り方の違いを考察し、重要な指摘を行ないました。この辺りの内容については前著(『「普通がいい」という病』講談社現代新書)でも取り上げましたが、この先の議論の重要な前提となりますので、あらためて簡単に説明しておきたいと思います。

森氏は、西洋の人間関係を一人称対一人称(または一人称対三人称)の関係であると見ました。一人称とは主体を持つ存在としての個人の在り方を指すもので、相手との関係に応じてコロコロと変わったりしないものです。相手も同じく、こちらとの関係性によって変質しない別個の主体として存在しています。その意味で相手も一人称であり、不可知な他者であるという意味では三人称的であるとも言える。それゆえ、一人称対三人称の関係であるとも考えました。

一方、日本人の人間関係は、話し手は確固として変わらない主体は持っておらず、相手との関係によって「現実嵌入」が起こり、言説内容までもが変化してしまうようなカメレオン的主体です。このような話し手を、森氏は「自分がない」という意味合いも込めて、0人称と呼びました。また、「個人」と「個人」が関係を結ぶというのではなく、まず関係性在りきで、それに従って双方が在り方を変質させる。これを、0人称対0人称(もしくは0人称対二人称)の関係だとしました。そしてこのような日本人特有の二者関係を、森氏は特に「二項関係」と名付け、これについて次のように述べています。

私は、「二項関係」は、一人称―三人称関係が本質的に持っている苦悩《アンゴワッス》的要素からの逃避を意味している、と考えている。二人称的関係においては、可能的に最大限のものが既知のものに還元される。…（中略）…たとえ人間関係から起って来ることでも、思いがけないこと、非常に困ったことは、天災的なものと見做される傾向がある。…（中略）…それを甘受して、それが過ぎ去るのを待つということになる。…（中略）…人間的矛盾に対するときに起る「苦悩」（ANGOISSE）がそこには欠如している。

しかるに「二項方式」の内部では凡てが一変する。お互いに相手は自分にとっての二人称であり、「汝」であり、しかもそれが「私的な」関係であるということから、そこには「恋」あるいは「慰安」（CONFORT）と「苦悩」（ANGOISSE）の絶え間ない交替が始まる。…（中略）…しかし本当は自己も相手もいつでも一人称になり、相手にとっては三人称になる可能性を保持している。また現実にそれは起って来る。そこから「安心」は「不安」へ、「慰安」は「苦悩」へと変貌する。…（後略）

（『経験と思想』）

このように「二項関係(二項方式・二人称的関係)」とは、まさに「世間」に棲む日本人同士のぬるま湯的関係のことであり、森氏はその特性を鋭く見抜いていたのでした。

「思いがけないこと、非常に困ったことは、天災的なものと見做《な》される傾向がある」と森氏は言っていますが、これは第1章で〈「である」の価値観〉と丸山真男氏が言い、池上嘉彦氏が〈BE言語〉として言及したことに相当するものです。そのようにして生きることは、「人間的矛盾」を見ないでやり過ごしてしまうこと、すなわち「苦悩的要素からの逃避」なのだと森氏は厳しく評しているのです。

「経験」からの逃避

そのような「二項関係」に棲《す》む在り方は、人に「経験」を与えないものです。

この「経験」という概念は、森氏が特に「体験」と区別して用いた、彼の思想の鍵となるものです。この「経験」とは、未知なるもの、新しいものとの出会いにより、主体が変化することを指しています。つまり、人間が成熟するということです。

何でも「既知のものに還元される」ような世界の中では、人に「経験」は起こり得ません。起こるとしても、それはせいぜい「体験」止まりです。つまり「体験」とは、「たかをくくる」という言葉がぴったり来るような出来事の受け取り方を指しているのです。

例えば、ある人が富士山を観に行ったとしましょう。「さすが、日本一の山ね。写真で見たのと同じで、雄大できれいだわ」というような通り一遍の感想を持つことと、「富士はどこか、とてつもなく恐ろしい。この言葉にできない感じは一体何だろう」というような、その人にしか感じられない独自の感じ方をすることとの違いのような、質的な違いが「体験」と「経験」の間にはあるわけです。

しかし、こういった「苦悩的要素からの逃避」への批判に対して、「逃避して何が悪い、ぬるま湯で済むならそれでいいじゃないか、何もわざわざヒリヒリした未知なる他者なんかに囲まれているなんて思う必要はないじゃないか」、こういう意見もあるかも知れません。しかし、もはや私たちの身近な人間関係も含め、至るところで「二項関係」による弊害や悲劇が起こっていることに、私たちはそろそろ気付かなくてはならないだろうと思うのです。

「二項関係」は、「世間」を構成する最小要素です。親子関係や夫婦関係、友人関係などの身近な二者関係の中に「二項関係」は生じます。双方が0人称で、ぬるま湯的関係を求めあっているうちはとりあえず問題は起こって来ませんが、ひとたび片方が一人称的な主体意識に目覚めた時には、「二項関係」は簡単に破綻《たん》してしまいます。それまで分かり合えていたと思っていた関係が、実は表面的な「仲良しごっこ」であったことが露見するのです。互いが神経症的に相手の顔色を伺っていることでかろうじて成り立っていた「美しい嘘」が、次々にほころび始めます。「慰安」が「苦悩」へと変貌するとは、このことです。

しかしこういう場合に関係の危機的状況に気付くのは、一人称に目覚めた側の人間だけです。いまだに0人称に留まっている側の人間は、見当外れのご機嫌取りをしてみたり、単に「反抗期」「更年期」などと現象に名前を付けることで片づけて、「どっか具合でも悪いんじゃない？」「何か嫌なことでもあったの？」と外部に原因を探したりするのです。なかなか「二項関係」が破綻《たん》しているという根本的現実に、目を向けようとはしません。

「言葉が通じない」という事態

「言葉が通じない」というセリフが、このようなコミュニケーション不全の状況でしばしば口にされます。しかし、本当にそれまで言葉は通じていたのでしょうか。

「言葉」とは、そもそも滅多に通じないものです。「言葉が通じない」というセリフは、相手が「聞き手責任」を果たしていないとして糾弾しているものですが、逆の立場からすれば、話し手が十分に「話し手責任」を果たしたのかという反論も出てくるでしょう。

同じ日本語を話しているのだから通じるに決まっている、と当て込む心性が私たちの中に根強く存在しています。そして「世間」内言語というものは、そういう心性の上に成り立っているものです。この「世間」内言語は、同じ「世間」の中にいる相手にしか通じず、「うち」の中だけで限定的に通用する言語です。もし相手が一人称を持った「他者」である場合には、０人称の人が発する「世間」内言語は届かず、はね返されてしまいます。共通の文脈を有していないわけですから、よほど聞き手が身を屈して問い直してくれない限り、理解されることは期待できません。

また、逆の状況においても「言葉が通じない」ことが起こります。つまり、一人称の人間が（あるいは一人称に目覚めた人間が）０人称の人に語りかけた場合です。０人称の人間は、無意識的に「そと」からの言葉を「聴く」ことを拒否するものです。それは「そと」から異質な価値観が入って来ることで、自らのぬるま湯的安定が脅《おびや》かされることを避けたい無意識的な心理が働くためです。「聴いているようで聴いていない」状態は、こういう時によく見られます。

ですから、このような０人称の頑《かたく》なさから脱して「経験」に開かれた在り方に向かうためには、まずは「聴く」ことが出来るかどうかが鍵になってくるのです。

「聴く」ということ

茨木のり子氏は、凛として一人称を生き、ぬるま湯的「世間」への鋭い警句を平易な言葉で紡ぎ出した詩人でした。惜しくも二〇〇六年に他界されましたが、彼女の代表的な一篇にこんな詩があります。

聴く力

ひとのこころの湖水
その深浅に
立ちどまり耳澄ます
ということがない

風の音に驚いたり
鳥の声に惚《ほう》けたり
ひとり耳そばだてる
そんなしぐさからも遠ざかるばかり

小鳥の会話がわかったせいで
古い樹木の難儀を救い
きれいな娘の病気まで直した民話
「聴耳頭巾」を持っていた　うからやから

その末裔《すえ》は我がことのみに無我夢中
舌ばかりほの赤くくるくると空転し
どう言いくるめようか
どう圧倒してやろうか

だが
どうして言葉たり得よう
他のものを　じっと
受けとめる力がなければ

（茨木のり子『詩集　寸誌』）

「聞く」だけならば、点けっ放しのTVやラジオの音声を「聞く」ように、受け身的で充分に可能です。しかし「聴く」ことの方は、決して受け身で出来る簡単な行為ではありません。他者を理解しようという能動性を持ちながら、しかし中途半端に口を差し挟んだりせずただじっと「聴く」ということ。それが、「聴く」ということの姿勢です。

精神療法においても「聴く」ということがすべての基本になりますが、これが簡単なようでなかなか難しいものです。「傾聴する」「受容的に聴く」といったことの大切さはセラピストの教育でも強調されていることではありますが、一つ大きく見落とされていることがあります。それは、真に「聴く」ためにはその人間が一人称的存在でなければならないということです。「中立的・客観的に聴くためには、セラピストは0人称でなければならない」と、思い違いしている人も少なくありません。しかし、「他者」を理解するという能動性は、一人称の力を必要とするものです。聞き手が0人称である場合には、自分が不本意に変質させられてしまう危険を感じてしまうために、「他者」の言葉や価値観をじっくりと「傾聴」することなど、怖くてとても出来たものではありません。それゆえ「聴いている」ように見えても、実質的には「聴いていない」ことになってしまうのです。「聴く」人間の中核部に確かなものがあってはじめて、他者の言説に身を開いて「聴く」ことができるというパラドックスがあるわけです。

0人称の聞き手は、「そと」に対して「閉じて」います。「うち」の価値観で承認できるものには同意しますが、それ以外の「そと」的な内容については、心中でそれを嫌悪、否定し、それを矯正、教化しようとしてしまうのです。

「聴く」とは、話し手の話の中に沢山の「分からない」を見つけることから始まります。そしてその「分からない」を、先入観を差し挟まずに丁寧に分かるまで問い返していくことが不可欠です。これを十分に行わずに価値判断を下してしまいますと、「たかをくくる」ことになってしまいます。「世間」的道徳や常識、精神医学的価値判断などを用いて中途で「たかをくくって」しまえば、「聴く」作業は容易に頓挫《とんざ》してしまい、話し手という他者を理解することはできません。「聴く」とは、相手の他者性を尊重した上で相手を知ろうとし、理解しようとする行為です。「分からない」を積み重ね、問い返した果てに、ようやく「分かる」という共通の地下水脈にたどり着くような、地道で根気のいる作業なのです。

「同じ」を探すか、「違う」を探すか

「うん、分かる、分かる」と、「分かる」を連発してうなずいてばかりいる行為もまた、「聴く」こととはかけ離れた行為だと言えるでしょう。０人称同士の会話において、このような光景がよく見受けられます。一見、共感し合っているようにも見えますが、これはダイアローグ（対話）とは似て非なるものです。一致点しか見ない、もしくは、何でも近似的に自分の「体験」と同じだと捉《とら》えるような聞き方になってしまっているところが、ダイアローグと決定的に違うところです。「世間」の結合原理は同質性ですから、同質であることの確認が最優先され、異質なところについては「見ないで済ませたい」という心理が強く働きます。異質なところを「見ないで済ませたい」というのは、異質なものなど「あってはならない」「あるはずがない」「あ

ることを許さない」といった「世間」ならではの価値観から生まれてきます。

自分にたとえ異質な部分があったとしてもそれを出さないようにすることが、「世間」内では「空気を読む」こととして求められます。もし「空気を読まず」に異質な部分を表明した場合には、もはやその人間は、「うち」の人でなく「そと」の人だということになり、コミュニケーションは閉ざされてしまいます。「世間」内のコミュニケーションとは、「既知のものに還元される」という大枠を崩すものに対しては、極端に閉鎖的なのです。

同じことが、「見る」ということについても当てはまります。ヨーロッパ旅行に初めて行かれて、「日本と同じだった」という感想を持って帰って来られた方があると聞いたことがありますが、私はこれにはとても驚きました。もちろん、人は二本足で歩いているだろうし、車も空を飛んではいない。お馴《な》染みのハンバーガーチェーンやコーヒーショップも見つかるでしょうし、ブランド物の衣料装飾品や車にしても、日本で見慣れたものかも知れません。しかし、細部の違いからこそ、文化や思想の違いや現地の人々の生き方の違いが見えてくるものであって、それが旅行のもつ大きな意味でしょう。もしそこから何ら「違い」を感じ取れないとしたら、そこで得られたものは「〜へ行ったことがある」という「体験」止まりで、新しい文化に触れて起こるべき変化、つまり「経験」は生じていないことになります。

観光旅行にせよ、留学や海外赴任にせよ、外国に滞在しても日本人だけの集団で行動したりコミュニティを作ったりするケースも少なくないようですが、これでは日本にいた時以上に濃密な「世間」の中で生活するようなものですから、折角の「経験」の機会が生かされないことになり、もったいない気がします。

「大衆」と「神経症性」

厳密にいえば、大衆とは、心理的事実として定義しうるものであり、個々人が集団となって現われるのを待つ必要はないのである。われわれは一人の人間を前にして、彼が大衆であるか否かを識別することができる。大衆とは、善い意味でも悪い意味でも、自分自身に特殊な価値を認めようとはせず、自分は「すべての人」と同じであると感じ、そのことに苦痛を覚えるどころか、他の人々と同一であると感ずることに喜びを見出しているすべての人のことである。

これは、スペインの哲学者・オルテガの代表的著作『大衆の反逆』の一節です。オルテガがこの本で「大衆」として言い表している人間は、これまで述べてきた「０人称」の人間や「世間」に生きている人間にそのまま相当します。「世間」とはスタンドプレイを嫌い「うち」にいる人間に同質性を求めるものでしたが、「他の人々と同一であると感ずることに喜びを見出している」とは、自ら率先して同質性を追い求め、ぬるま湯的安楽さを渇望している姿に他なりません。

「神経症性」という言葉を前にも用いましたが、「神経症性」とは、「自分がどう感じるのか」「自分がどう思うのか」ということが、「人からどう思われるか」「どう見られたいのか」ということによって退けられてしまって自分自身が萎縮してしまっている状態のことを言います。人称で言えば、一人称になれない0人称の在り方に相当します。

「神経症性」に支配されてしまっている人は、周りをキョロキョロ見渡して、周りと同じであるか、恥ずかしくないか、笑われないかと警戒します。そして、ひたすら「どう思われるか」「こう思われないように」ということにビクつきながら、自分の感覚も感性も思考も退化させてしまいます。そして、周りと同じだという保証のある場合にだけ、あたかも自分自身の思想であるかのように、「世間」から借りてきた意見を威勢よく表明します。しかもこの意見表明は、匿名性という隠れ蓑《みの》の中にいてかろうじて出来ることであり、いざとなれば「だって、みんなも同じ意見なんだから」ということによって意見の正当性を確保するのです。これが、「大衆」というものを構成している個々の人間の姿です。

オルテガは、このような「大衆人」を「慢心しきったお坊ちゃん」と評して、次のように述べています。

……第一に大衆人は、生は容易であり、あり余るほど豊かであり、悲劇的な限界をもっていないという感じを抱いていることであり、またそれゆえに各大衆人は、自分の中に支配と勝利の実感があることを見出すのである。そして第二にこの支配と勝利の実感が、彼にあるがままの自分を肯定させ、自分の道徳的、知的資産は立派で完璧であるというふうに考えさせるのである。この自己満足の結果、彼は、外部からのいっさいの示唆に対して自己を閉ざしてしまい、他人の言葉に耳を貸さず、自分の見解になんら疑問を抱こうとせず、また自分以外の人の存在を考慮に入れようとはしなくなるのである。彼の内部にある支配感情が絶えず彼を刺激して、彼に支配力を行使させる。したがって、彼は、この世には彼と彼の同類しかいないかのように行動することとなろう。したがって第三に、彼はあらゆることに介入し、自分の凡俗な意見を、何の配慮も内省も手続きも遠慮もなしに、つまり「直接行動」の方法に従って強行しようとするであろう。

（傍点は泉谷）

これは一九三〇年に書かれたものですから、今日の実態に当てはまらないところも幾つか見当たります。例えば今日なら「慢心しきったお坊ちゃん」ではなく「不平不満を抱えたお坊ちゃん」とした方がリアリティがあるでしょうし、「生は容易であり、あり余るほど豊かであり、……」のところは、現代ではもっと虚無的なものになっているものと思われます。さらに「あるがままの自分を肯定させ」という箇所も、決して当時ほど楽観的な自己肯定ではなく、不確かな感じを抱きつつも「この在り方しか採りようがないし、仕方ないだろう」という開き直りのようなものに変質してきていると思います。

しかしながら、私が傍点を付した箇所は全くそのまま現代の「世間」人に合致する内容であると言えるでしょう。「そと」に対して閉じていて「聴く」ことをせず、「この世には彼と彼の同類しかいないように行動する」ということは、「世間」の中で同質の人間だけに囲まれて生きる場合には成り立つのかもしれません。しかし、このような0人称の人間が「あらゆることに介入し、自分の凡俗な意見を、何の配慮も内省も手続きも遠慮もなしに」強引な「直接行動」によって行使するとなりますと、実に大きな問題が生じてきます。

この『大衆の反逆』という本は、すでにファシズムが台頭し始めていた当時の社会情勢に対するオルテガの必死の警告の書であったのですが、残念ながらそれは充分に聞き届けられることなく、世界はそのまま第二次世界大戦へと突入して行ってしまったのです。

0人称が構成する「世間」の問題点

知的謙虚さを持たず「聴く」ことをしない「大衆人」が、自分たちの欲望を借り物の言葉でラッピングしますと、独善的な「思想もどき」が出来上がります。

この「思想もどき」が、「自分で考える」ということに目覚めていない多くの０人称人間たちを巻き込んで強大な力を持ったとき、「世間」という集団は、欲望とルサンチマン（怨恨）を増幅する恐ろしい装置として機能し始めます。ファシズム、ナチズム、スターリニズム等をはじめとする全体主義や帝国主義がそのようにして生み出され、陰惨な爪痕《つめあと》を残してきたことについては、私があらためて指摘するまでもないでしょう。

「私」という主体を持たず「自分で考える」ということをしない０人称人間は、その拠《よ》りどころとする規範が「空気」や「思想もどき」であるために、都合よく「自由」や「権利」の名のもとに、「そと」の人間の「自由」や「権利」を蹂躙《じゅうりん》してしまうことがあります。このように一方的な「自由」や「権利」の主張は、個人主義とは似て非なる利己主義に過ぎません。もし「世論」がそのような性質のものであるとしたら、「世論」を盾にして主張される政治的発言も、０人称「世間」の欲望とルサンチマンを正当化するための詭弁《きべん》と化してしまうでしょう。

これは、国際政治や社会的な次元の問題であると同時に、われわれを取り巻く日常的な人間関係の中にも濃厚に存在している卑近な問題でもあります。社会の最小単位である家族の内部でも、０人称「世間」を引きずっている古いタイプの人間と一人称に目覚め始めた人間とが混在し同居している状況にあって、両者が深刻なコミュニケーション不全に陥っていることは珍しくありません。そのような状況の下では、「聴く」ことが出来ない0人称と「世間」の価値観に納得できない一人称とが「質的」にかみ合っていないので、いかにコミュニケーションの時間を「量的」に確保したとしても、およそコミュニケーションとは呼べない険悪なすれ違いに終わってしまうことでしょう。

モノローグのやり取りで事足りた「世間」が成り立つ時代は、もはや終わりを迎えようとしています。どちらの考えが正しいのかを問う前に、お互いが「他者」であるという前提をわきまえた「対話」や「議論」になっているのかを問題にするところから私たちは始めなければならないのです。

第4章　個人主義と利己主義

夏目漱石の「私の個人主義」

私はこの世に生まれた以上何かしなければならん、といって何をして好いか少しも見当がつかない。私はちょうど霧の中に閉じ込められた孤独の人間のように立ち竦《すく》んでしまったのです。そうしてどこからか一筋の日光が射してこないかしらんという希望よりも、此方から探照灯を用いてたった一条《ひとすじ》で好いから先まで明らかに見たいという気がしました。ところが不幸にして何方の方角を眺めてもぼんやりしているのです。ぼうっとしているのです。あたかも嚢《ふくろ》の中に詰められて出ることのできない人のような気持がするのです。……

（夏目漱石『私の個人主義』）

ロンドン留学をした漱石は、異文化の真っただ中に一人放り出され、このように精神的閉塞《そく》状況に追い込まれてしまいました。漱石は「何かしなければならん」とは思うけれども、焦るばかりでどうして良いやら見当さえつかない。その空回りの苦しみの中で、彼は「自分がない」ということ、つまり自分が0人称であったことに気がつきます。

けれどもいくら人に賞《ほ》められたって、もともと人の借着をして威張っているのだから、内心は不安です。手もなく孔雀《くじゃく》の羽根を身に着けて威張っているようなものですから。それでもう少し浮華を去って摯実《しじつ》につかなければ、自分の腹の中はいつまで経っても安心はできないということに気がつきだしたのです。

（同前）

借り物の知識や考え方によって武装していくら他人に賞賛されたとしても、それが一人称の自分から出て来るものでなければ「いつまで経《た》っても安心はできない」ということに漱石は思い至りました。他人からの評価を拠《よ》り所にするあまりにすっかり真の自分が委縮し、偽りの自分に覆いつくされてしまっている。この自分に巣食っている神経症性こそが、強い不安の根源であると漱石は気付いたのです。そして彼は、神経症性を捨て去る以外に道はないと思い立ち、「文芸とはまったく関係のない書物」を読み始め「科学的な研究やら哲学的の思索に耽《ふけ》りだした」のでした。

そんな模索の中から、漱石はついに「自己本位」という境地を見出しました。これぞ、彼が0人称から一人称に抜け出た瞬間に湧き上がって来た言葉です。「世間」に棲《す》み「ハイカラ」に外来文化を採り入れたつもりになって借着して威張っていた自分。それでいて、内心には寄る辺ない不安を抱えた0人称の日本人・夏目金之助が、一人称の表現者・夏目漱石として新たに誕生したのです。

その誕生の感覚を、漱石はこう述べています。

その時私の不安はまったく消えました。私は軽快な心をもって陰鬱なロンドンを眺めたのです。比喩《ひゆ》で申すと、私は多年の間懊悩《おうのう》した結果ようやく自分の鶴嘴《つるはし》をがちりと鉱脈に掘り当てたような気がしたのです。なお繰り返していうと、今まで霧の中に閉じこまれたものが、ある角度の方向で、明らかに自分の進んで行くべき道を教えられたことになるのです。

（同前）

この「自己本位」というものを各人が掘り当てる作業をガイドすること、それが私の日々行っている精神療法です。このような新たな一人称誕生の瞬間を、幸運にも私はたくさん目の当たりにしてきました。「自己本位」へと抜け出るということは、決して漱石という特別な才人だから成し得た稀《まれ》なことだと考えてはなりません。大胆に言ってしまえば、これはすべての0人称の人間が通るべきプロセスだと私は考えますし、本人がこの作業に着手し、途中で逃げ出したり放りだしたりさえしなければ、一人称への誕生は誰にでも十分に可能なことなのです。

一人称になる前後で、クライアントの言葉は、明らかな質的変化を遂げます。「世間」内言語を使わなくなるのはもちろんのこと、使う言葉一つ一つについて、丁寧に手垢《あか》を落とし、慎重に選び取るようにもなります。そして、真に自分自身が感じ取ったことに基づいて湧き上がってくる考えを、純化された言葉で紡ぎ出すようになるのです。借り物の思想や言葉を咀嚼《そしゃく》しないままに振り回すことが居心地の悪いものに感じられ、身の周りに満ち満ちているそのような言説に対して鋭敏に違和感を覚えるようになります。

彼らの言葉は、深い洞察を簡明に表現した透明なものになります。私はそのような言葉を聴くたびに、一人称的存在に脱皮した人間の崇高さにうたれ、新鮮な驚きを感じます。すべからく人間は、詩的で哲学的で透明な言葉を生むように作られている、これが人間という存在の真の価値なのだと、私は何度も実感させられたのです。

漱石は、若き聴衆たちに次のように熱く呼びかけました。

それはともかく、私の経験したような煩悶があなたがたの場合にもしばしば起るに違いないと私は鑑定しているのですが、どうでしょうか。もしそうだとすると、何かに打ち当たるまで行くということは、学問をする人、教育を受ける人が、生涯の仕事としても、あるいは十年二十年の仕事としても、必要じゃないでしょうか。ああここにおれの進むべき道があった！　ようやく掘り当てた！　こういう感嘆詞を心の底から叫び出される時、あなたがたははじめて心を安んずることができるのでしょう。容易に打ち壊されない自信が、その叫び声とともにむくむく首を擡《もた》げてくるのではありませんか。……

（同前）

このようにして得られる自信や安心は、ぬるま湯的「世間」内の安心とは全く次元の違うものです。「私」を生きるということは、この境地に抜け出ること、自分の鉱脈を掘り当てることから始まるのです。しかし、途中には避け難い煩悶《もん》があり、これを他人に肩代わりしてもらうことはできません。しかし、この煩悶の大いなる意義を知ってさえいれば、きっとどうにか持ちこたえて歩みを進めて行けるはずです。この煩悶は、決して自分を潰すために訪れたわけではないのですから。

しかし残念なことに、このプロセスをやり遂げた人間が世の中にあまりに少ないという問題があります。それゆえ、このようなダイナミックな人間の内的変化を「有りもしない絵空事」と捉《とら》えるような軽薄な論調が力を持ってしまっています。「本当の自分探し」など所詮《せん》、体《てい》の良い「現実逃避」であり「まやかし」に過ぎないものだ、というわけです。しかしそれは、これまであまりに人間の浅い部分しかご覧になったことのない人の、気の毒な偏見に過ぎません。「本当の自分」など知らない、というところまでは結構です。しかし、「知らない」ことを「あり得ないこと」にすり替えてはなりません。未知のものに対する閉じた姿勢は、０人称人間が陥りやすい悪癖です。

「個人主義」とは何か

漱石は、『私の個人主義』の前半部で０人称から一人称の自分に抜け出ることの大切さを語ったわけですが、後半部ではもう一つの重要なテーマに言及しています。それは「個人主義」とは何か、ということです。

近ごろ自我とか自覚とか唱えていくら自分の勝手な真似をしてもかまわないという符徴に使うようですが、その中にはなはだ怪しいのがたくさんあります。彼らは自分の自我をあくまで尊重するようなことをいいながら、他人の自我に至っては毫も認めていないのです。いやしくも公平の眼を具し正義の観念をもつ以上は、自分の幸福のために自分の個性を発展して行くと同時に、その自由を他にも与えなければすまんことだと私は信じて疑わないのです。われわれは他が自己の幸福のために、己の個性を勝手に発展するのを、相当の理由なくして妨害してはならないのであります。……

（同前）

一人称の自己に目覚め「自己本位」の生き方を始めるとき、「他者」の「自己本位」との関係が問題になってきます。これを視野に入れずにうっかりすると、「自己本位」は容易に「利己主義」に陥ってしまいます。

0人称が構成する古い「世間」では、当然のことながら、このような問題は原理的に発生し難いものです。0人称の人間は、もし自分の気持ちや主張が受け入れられない場合でも、「世間」の暗黙の制約に屈服すべきだという考えに支配されているので、利害の対立によるあからさまな衝突は起こりにくいのです。そこでは「自分のこの気持ちがワガママなのだから、諦めなければならない」という考えや、「もしここで自分の主張を強く出してしまったら皆につまはじきにされるだろうから、ここは我慢しておこう」といった思考パターンで、「世間」と相容れない自分の気持や考えが出てきてもそれを飲み込んでしまうわけです。

しかし、一人称が立ってきますとそうはいきません。どうしても利害の衝突が起こることは避けられない。そこで、ルールというものが必要になり作り出されるようになった。それが「法」や「制度」というものであり、またそれに基づいた「社会」というものも登場したのです。しかし、人々をルールで統制できるのは、ある限られた範囲までに過ぎません。そこで、一人称として人間が「社会」を生きるためには、ある条件が欠かせないことになります。

漱石は、こう述べます。

これをほかの言葉で言い直すと、いやしくも倫理的に、ある程度の修行を積んだ人でなければ個性を発展する価値もなし、権力を使う価値もなし、また金力を使う価値もなしということになるのです。それをもう一遍いい換えると、この三者を自由に享《う》け楽しむためには、その三つのものの背後にあるべき人格の支配を受ける必要が起こってくるというのです。もし人格のないものがむやみに個性を発展しようとすると、他《ひと》を妨害する、権力を用いようとすると、濫用に流れる、金力を使おうとすれば、社会の腐敗をもたらす。随分危険な現象を呈するに至るのです。……

（同前）

その条件を、漱石は「人格」なのだと論じます。では、その「人格」とは何を指すのか。それは二つの内容を含むものとして説明されています。一つは、秩序を遵守する義務を伴った上での自由であることをわきまえていること。もう一つは、群れない淋しさを個人として引き受けることです。

もっと解りやすくいえば、党派心がなくって理非がある主義なのです。朋党を結び団隊を作って、権力や金力のために盲動しないということなのです。それだからその裏面には人に知られない淋しさも潜んでいるのです。すでに党派でない以上、われはわれの行くべき道を勝手に行くだけで、そうしてこれと同時に、他人の行くべき道を妨げないのだから、ある時ある場合には人間がばらばらにならなければなりません。そこが淋しいのです。…（中略）…個人主義は人を目標として向背を決する前に、まず理非を明らめて、去就を定めるのだから、ある場合にはたった一人ぼっちになって、淋しい心持がするのです。それはそのはずです。槙雑木《まきざっぽう》でも束になっていれば心丈夫ですから。

（同前）

様々な「世間」という「群れ」に属して生きている人間にとっては、この淋しさが何より怖いものでしょう。逆に言えば、それが怖いからこそ「世間」では「村八分」ということが制裁として効力を持つわけです。ランチグループに入れてもらえないことを恐れるOLさん、携帯メールでいつも誰かとつながっていることを確認せずにはおれない若い人たち、群れている幼稚園のママさんグループ等々、この淋しさを避けるために一生懸命になっている日本人は周りにいくらでも見つかります。

しかし、「群れること」は一時はぬるま湯的安心になるにしても、また次の瞬間に自分が排除されない保証はどこにもないわけで、常に不安と切っても切れない刹那《せつな》的な安心に過ぎません。

喩《たと》えてみれば、この「群れること」はアルコール依存症におけるアルコールに等しいものであり、依存が満たされている時には威勢がよいが、切れてしまったら禁断症状で居ても立ってもいられない。つまり「群れること」とは紛れもなく依存の一種なのです。

その対極には次のような境地があります。これも、茨木のり子さんの詩です。

倚《よ》りかからず

もはや
できあいの思想には倚りかかりたくない
もはや
できあいの宗教には倚りかかりたくない
もはや
できあいの学問には倚りかかりたくない
もはや
いかなる権威にも倚りかかりたくはない
ながく生きて

心底学んだのはそれぐらい
じぶんの耳目
じぶんの二本足のみで立っていて
なに不都合のことやある

倚りかかるとすれば
それは
椅子の背もたれだけ

（茨木のり子『倚りかからず』）

茨木さんの詩の世界に触れると、いつも私は「個人主義」精神の神髄を教えられる思いがします（私は前著でも、茨木さんの『一人は賑《にぎ》やか』という詩を引用させていただきましたが、これも「孤独」の真の姿を軽妙に詠《うた》った作品でした）。

この「じぶんの耳目／じぶんの二本足のみで立っていて／なに不都合のことやある」というフレーズが、「世間」から脱して「個人主義」を生きる上で大切な支えになる考えだと私は思います。つまり、一人称で在っても何ら不都合ないと思えたならば、たとえ自分にまとわりついてくる「世間」が「村八分」という制裁を自分に加えて来たとしても、その制裁自体が空振りに終わるだろうからです。

突飛な空想ですが、例えば茨木さんがＯＬであったとして、グループを組んで群れている人たちが彼女を意図的にランチグループから排除したとしても、きっと彼女は何も困りはしないでしょうし、かえって厄介な誘いを断る手間が省けて、一人せいせいとした心持ちで自由なランチタイムを過ごすことでしょう。上滑りな会話や人の噂話に花を咲かせるようなグループに混じることは、一人称の人間にとっては苦痛以外の何ものでもありません。そのような「世間」に誘ってもらえないことは、むしろ有り難いことですし、苦にするほどのことなど何もないのです。

「個人主義」の難しさ

先の茨木さんの詩には、「できあいの思想」「できあいの宗教」「できあいの学問」「権威」に「倚りかかりたくない」とあります。これが「個人主義」のあるべき精神だと私は考えますが、そこから見た場合、欧米も決して「個人主義」の完成された世界なのではないことが分かります。もちろん、いまだに「世間」をやっているわれわれからすれば彼らが先を行っていることは確かです。しかし、現在の欧米諸国も、真の「個人主義」に向って試行錯誤を繰り返している最中なのであって、あくまで途上の段階に過ぎないのです。

「できあいの宗教」に倚りかかり、自分たちとは異なる「できあいの宗教」と衝突し、武力や金力で力づくの制圧を加える。ルールさえも、国力や軍事力の大きさを盾に、手前勝手に作り変えたり無きものにしたりする。漱石の言う「人格」というものが、彼らが金力や権力を行使する上で十分伴っているとは言い難いでしょう。

第3章でも引用したオルテガの『大衆の反逆』は、「大衆」という「世間」が権力を持ってしまったことへの警鐘でしたし、心理学者E・フロムの『自由からの逃走』は、一人称的「自由」に耐えかねて「不自由」な0人称へと向かっていく「大衆」の心理を明らかにしていました。これらの書物は欧米において書かれ大いに読まれてきたものですが、彼らも「個人主義」が「世間」に堕してしまわないように常に腐心してきたということです。それでも彼らは強大な全体主義の登場を防ぎ切れませんでした。しかし、彼らはそこから様々な教訓を得て、より「個人主義」が守られるようなルールや制度を新たに考え出し、付け加えて来ているわけです。

このように人間というもの自体が、ともすると0人称「世間」へと戻りたがる性質を濃厚に備えてしまっているのであって、これは洋の東西を問いません。動物は一般に群れを成しますが、その原始的な名残《なご》りが、われわれの中にも消し難く刻印されているのだと考えるべきかも知れません。

私は、以前パリの音楽院に留学中に大変に感心したことがあります。ピアノ科の昇級試験の課題曲のレッスンにおいて、私は指導教官と運指法をめぐって対立しました。教官が一方的に押し付けた運指法に私は納得できず、その一部を採用しただけでその他は自分が良いと考えるように書き直したのです。

ある時、運悪くこれを教官に見咎《とが》められてしまったのですが、私は「この部分に関しては、私の運指法の方がより優れていると思う」として譲りませんでした。もちろん、教官から納得のいく説明があれば修正をする用意はあったのですが、教官はただ両肩をすくめて「間違っても、僕のせいじゃないよ！」と拗《す》ねるだけだったのです。私は内心、「自分の演奏について、他人に責任を取ってもらうようなつもりはさらさらない」と思いましたし、単に感情的な教官の反応を見て、私は彼の意見を受け入れる必然性は無いと確信しました。そして私は、この件について一切譲歩することなく以後のレッスンを受け続けました。幸いにして教官もこの件を引きずる様子もなく、普段通りのレッスンを続けてくれたのでした。

さて試験当日、私はかなり早めに学校に到着し、試験開始まで時間があったので緊張した状態で廊下をうろうろしていました。すると、ちょうど私の教官が通りがかり「こっちの部屋で、練習して待っていたらいい」と空いている教室に案内してくれ、親切にも練習に立ち会ってくれたのです。

いよいよ私の順番が来て試験場に入室してみると、試験官はまったく見ず知らずの人でした。完全に外部の教授が試験官に任命されるシステムがとられていたのです。そして後日、無事に私は進級資格を得ることができたのでした。

さて今、この一連の出来事を振り返ってみると、いくらフランスだったからとはいえ、我ながら随分大胆な行動をしたものだと思います。しかしそれよりも、もし日本で同じような行動をとったとしたならば、きっととんでもない結果になったのではないかとも思ったのです。教官の指示に逆らって物申すこと自体まず破門ものでしょうし、たとえそうでなかったにせよ、指導教官が試験官も兼ねるでしょうから、きっと進級もおぼつかなかったことでしょう。

最近知ったことなのですが、このように外部から試験官を招聘《しょうへい》するフランスの音楽院のシステムは、一九〇五年にパリ音楽院院長に任命された作曲家のガブリエル・フォーレが徹底的に制度改革を行なったお蔭《かげ》らしいのです。ローラン・テシュネ氏によりますと、フォーレは「生徒の教育は、出来る限り幅広いものでなければならない。それとともに音楽への要求に対する配慮が、古い慣習や個々の人間の関心よりも優先されるべきである。(傍点は泉谷)」として、入学試験についても入試委員から専攻教授を排除し、志望者が予め教授の自宅レッスンを受けなければならないような悪しき慣習を断ち切ったらしいのです。旧来の「世間」的な癒着体制にしがみついた連中からフォーレは「ロベスピエール(フランス革命期に反対派を次々にギロチン台に送ったジャコバン派の政治家）」という渾名《あだな》を頂戴《だい》する破目になったようですが、彼はこの揶揄《やゆ》にも屈しませんでした。

個人の主体性が守られるような「個人主義」を実現するために、このような人物による努力が積み重ねられ継承されてきていることは、敬服に価します。指導教官に対して、一人の未熟な生徒に過ぎない立場の弱い人間が対等に主体的意見を表明できる環境があることは、何と素敵なことでしょう。旧癖のしがらみに縛られて窮屈な思いをしている身近な例を日本であれこれと耳にするたびに、私はしみじみとそれを感じるのです。

重層的な秩序

分かりやすい語り口で人気を博している現代フランスの哲学者アンドレ・コント＝スポンヴィル氏は、『資本主義に徳はあるか』（二〇〇四年）という著書において、「利己主義」と「社会」の関係を考える上で有用な〈四つの秩序〉という視点を提示しています。現代の「個人主義」を考える上で大変参考になるものだと思われますので、かいつまんでご紹介しておきたいと思います。

利己主義に傾く性質を持っている人間という存在は、そのままでは集団生活が成り立ちません。そのため利己的な欲望を「制限」するものが必要になってくるわけですが、これについてコント＝スポンヴィル氏は四つの重層的な秩序があるとし、それらをきちんと区別して考えるべきだと論じています。

まず第一の水準として「経済——技術——科学的秩序」というものがあり、これは「可能なことは必ずおこなわれる」という性質があり、科学の場合ならば、核爆弾が開発されたり遺伝子操作が可能になったりしたことに表れているように、そもそも「不可能を可能にすること」を目標にしているという性格を持っている。そのため、この水準のもの自体に節度を求めることは困難だというのです。経済が常に右肩上がりの拡大を追い求めたり、軍部が暴走したりする傾向もこの性格によるものと考えられるでしょう。

これに対して外側から「制限」を設けるのが、第二の水準の「法——政治の秩序」です。これは最もポピュラーで代表的な「制限」なのですが、これも決して十分なものとは言えません。つまり「合法的な卑劣漢」が現われることは防げないという問題、そして、民主主義というシステムにおいては人民が主権者なので、多数が賛成すれば法そのものを変えてしまうこともできますし、多数が選任した政治家の横暴を「制限」できないという問題もあるのです。民主主義的手続きに則《のっと》ってヒトラーはドイツ帝国の首相になり、ブッシュはアメリカ合衆国の大統領になったわけですが、その彼らがどのような過ちを犯したかは、ご承知の通りです。

このように不十分な第二の秩序に更に「制限」を加えるものが、第三の水準の「道徳の秩序」

です。これは、善悪を判断し、それに基づいて自分自身に課す義務と禁止とによって構成されているものです。しかし「道徳」は、歴史や文化によって変化し得るもので、相対的なものであるという限界があります。また、この道徳的「制限」があったとしても、道徳的義務は果たすがそれしか果たさないような「独善家」の出現を免れないという欠陥もあるわけです。つまり、道徳的ではあっても「愛」が欠けている人間を「制限」できないのです。

そこで第四の水準「倫理の秩序、あるいは愛の秩序」というものが想定されるのです（コント＝スポンヴィル氏は「道徳」を第三の水準の概念とし、「倫理」は第四の水準の「愛」に属するものとして使い分けています）。「愛」とは、至上のものでありながら、人間が十分に「愛」の存在であることもまた難しい。しかし、だからこそわれわれに「愛」は不可欠なのだとコント＝スポンヴィル氏は論じます。そして、これら四つの秩序が、互いに独立しつつも相互に作用し合うように機能することが大切だと述べているのです。

第一の水準は、人間の欲望や好奇心、探究心が自己目的化しやすい性質を言っているものです。第二、第三の水準はいずれも、人間の「欲望」に基づく利己主義をどう調整するかというもので、第二の水準はルールを決めてシステムとして制限することであり、第三の水準は個人が自律的に行なう制限のことです。そして第四の水準の「愛」だけは、人間が本来持っている無償で利他的な特性のことを指しているわけです。

このように、人間の利己主義的な欲望の肥大化や、好奇心や探究心の暴走を制御するためには、外的なものから内的なものまで総動員する必要があることが分かります。コント＝スポンヴィル氏は現代の「資本主義」が「個人主義」としても成り立つためにどう考えるべきか、それを四つの重層的秩序として見事に整理してくれたわけです。

さて、この図式を参考に現代の日本について考えてみますと、どの水準にどのような問題が潜んでいるのかが、浮き彫りになってくると思います。

まず、第一の水準については一見問題がないようにも思われますが、しかしよく観察してみれば、学問の世界、研究開発の分野、経済の領域、あるいは芸術の分野などでも、様々な「現実欲《かん》入」が生じていて、探究することが正当に評価されなかったり、ルールに則《のっと》って進めることが阻害されたり、良いものが良いと評価されなかったりといった妙な歪みがあちこちで生じていることが見えてきます。有能な研究者やスポーツ選手、芸術家などが、日本の「世間」で不当な扱いを受け、国外に脱出して成功する例も少なくありませんが、そこにこの種の問題の存在が如実に表れているように思います。

第二の水準については、「法」をさておいて「世間」が勝手に人を裁いてしまったりするという問題があることを想起する必要があります。例えば、いまだ「容疑者」の段階にある人物をマスコミが犯人扱いで実名報道したり映像を公開してしまったりするなど、「法」に基づく人権の概念が全く理解されていないということがあります。これは、「世間」による「晒《さら》し者」としての裁きが「法」的な裁きに先行していることに他なりません。また、「世間」が「あいつはずるい」としてやり玉に挙げた人物を、それに押される形で検察が検挙したり、裁判においても「法」的にではなく「道徳」的に許されないとして有罪判決を下すこともあったりするように見受けられます。つまり、司法すらも「世間」の「世論」によって動かされてしまっているという「現実嵌《かん》入」や、第二の水準の「法」で判断すべきものを第三の水準の「道徳」で判断するというお粗末な混同も行われてしまっているわけです。

第三の水準は、「世間」が勝手に都合よく作り出した目に見えぬ「道徳もどき」によって占領されているのが実情です。その内容はもちろん「世間」の特質を色濃く反映したもので、「出る杭《くい》は打たれる」「長いものには巻かれろ」といった基本精神に基づく神経症的な内容になっていて、およそ「道徳」的な判断とは似て非なるものだと言えるでしょう。

第四の水準については、まず「愛」というものが「孤独」を前提にしたものだという基本が理解されていないという問題があります。群れて「世間」をしている０人称人間は「孤独」を最も恐れているわけですが、「孤独」を避けた人間同士に生ずる親密な関係は「依存」なのであって、「愛」とは別物です。「孤独」から逃避し群れて「世間」をやっているうちは、人は「愛」の本質を理解しないでしょうし「愛」が混じりものなく現れて来ることもないでしょう

（「愛」と「孤独」の関係についても前著で詳しく触れましたので是非ご参照下さい）。

フランス人のコント＝スポンヴィル氏がこのような問題提起をした背景としては、欧米の社会ですらも、これら四つの水準の間で様々な混同が起こってしまっているという現実があるためです。そして、彼は次のような重要な指摘をしています。

> 集団は下降するものです。集団は重力に服するものなのです。…（中略）…ですが、この力は、すべての力がそうであるように、もし私たちがそれにすっかり身をゆだねてしまったなら、危険なものともなります。疲れているときや、習慣に身を任せているとき、数に飲みこまれてしまうとき、私たちはそうした危険へと押しやられることになります。集団においては、そしてそれを構成している人数がおおくなればますます、愛は道徳へと、そしてばあいによっては道徳主義にまで低下していく傾向を帯びます。道徳は政治へと、つまりは権力関係へと低下していく傾向を帯び、政治は技術や経済や管理へと低下していく傾向を帯びるのです。
>
> （『資本主義に徳はあるか』傍点は泉谷）

ここで「下降」というのは、より低い水準の原理の方に引っ張られてしまうことを指したもので、愛が道徳主義にかき消され、道徳は政治や権力に屈服し、政治が技術発展至上主義や経済原理や管理主義に左右されてしまうようなことを表しています。

また、私が傍点をふった箇所は、現代のわれわれにそのまま当てはまる記述だと思います。「世間」に生きる0人称は、まさに「習慣に身を任せ」、「数に飲み込まれて」います。そして何より、みんな「疲れて」います。人々が何故「愛」から遠ざかってしまっているのか、あるいはせめて「道徳」すら有効に作用しないのか、それは「世間」という「集団」自体が「下降」する特性を強く持っているためなのです。

コント＝スポンヴィル氏は最後にこう結んでいます。


集団は重力に服しています。時として恩寵に由来するかのようななにものかを、――わずかではあれ、そしてときおりではあれ――つねに下降に向かう集団固有の傾向性を逆に進む能力をもつのは個々人だけです。

（同前）


第一、第二の水準は集団にとって重要なものが優先される傾向が強く表れますが、第三、第四は個人にかかっているものであり、漱石が「人格」と呼んだものがまさしくこれに相当するでしょう。つまり、われわれが重力に引きずり落とされ「下降」することを食い止める力は、個人の「人格」の中にしか存在しないのだ、とコント＝スポンヴィル氏は言っているのです。

先ほどフォーレが音楽院改革を行なった例を引きましたが、フォーレが制度改革という第二の水準のことを成し遂げる力のもとになったもの、それは彼の中にあった第四の水準のもの、つまり音楽への「愛」でした。つまり「下降」をくい止めて「上昇」を起こし得るものは、第四の水準に位置する「愛」であり、「愛」を体現したいと個々の人間が希求することなのです。

未熟な0人称と超越的0人称

これまでは「個人主義」の問題、つまり一人称にまつわる概念を考えてきました。しかし私たちの東洋には、古くから「空」や「無我」といった言葉で表わされるような、自我を超越することを究極の在り方として希求する伝統があります。そのように想定される在り方を私は「超越的0人称」と名付けますが、この「超越的0人称」はこれまで考えて来た問題の流れからは、果たしてどのような位置付けができるでしょうか。ここからは、その点も視野に入れて考えを進めてみたいと思います。

まず、未熟な0人称と超越的0人称はどちらも0人称であるがために、両者の区別は質的な違いを見分ける目がなければ難しいものだと思われます。超越的0人称は、一人称を十分に実現した後にはじめて到達される存在様式であって、一人称にいまだ至らない未熟な0人称とは存在の厚みや奥行きが全く異なります。
日本語論や日本人論などにおいて、「0人称が問題だ」あるいは「0人称で良いのだ」という両極の結論付けに分かれてしまいがちな傾向がありますが、二種類の0人称を区別せずひとくくりにして是非を論じても、それはまったく意味のないことです。両者が似て非なるものであることを認識しないかぎり、日本贔屓《びいき》か西洋贔屓かというような、貧しい感情的二元論でしか問題が捉えられなくなってしまいます。

図１

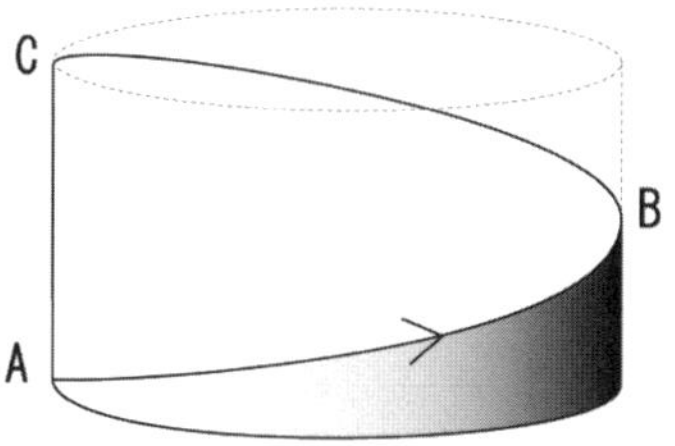

私は前著で、未熟な0人称(A)はらせん状に成熟し、一人称(B)を通って、一周《まわ》り上の超越的0人称(C)に達するということを論じました(図1)。この立体的な変化成熟のダイナミズムを、平面的な視点でしか眺められない場合(図2)、あるいは二極化した線分的視点でしか認識できない場合(図3)には、単に一人称の反対の極に単一の0人称を置いたイメージで考えることになり、0人称(AとC)を一律に美化するか批判するかのどちらかになってしまうわけです。
超越的0人称とは、「自分はあるが自分はない」という、論理を超越した言い方によってしか表し得ないものですが、このような在り方は、一体どのようにして実現されるものなのでしょうか。そして、

図2

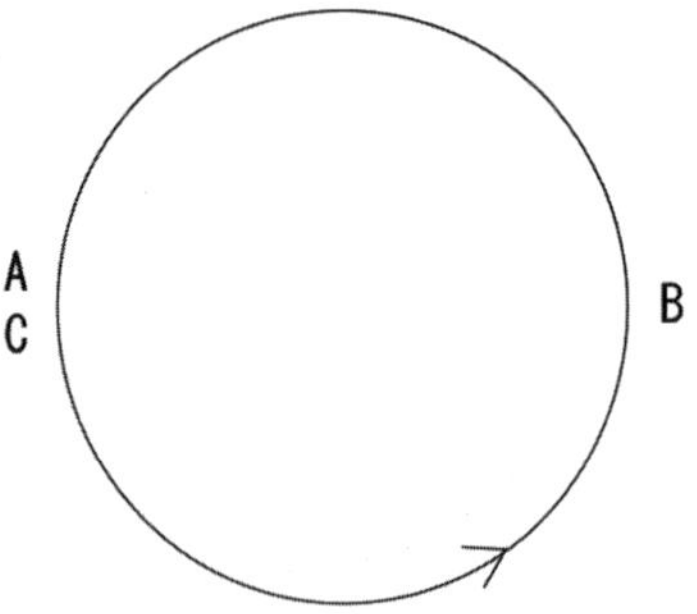

図3

それは「個人主義」とどのような関係で考えられるのでしょうか。

その手掛かりの一つを、私たちは夏目漱石の言葉に見つけることができます。それは、彼が最晩年に残した「則天去私《そくてんきょし》」という言葉です。

「自己本位」と「則天去私」

夏目漱石は大正五年（一九一六年）の一一月、死の直前に「則天去私」という言葉を弟子たちに残しました。この言葉は漱石自身の造語らしいのですが、「天に則《のっと》り私を去る」ということで、まさに超越的0人称の境地を述べているものと考えてよいでしょう。

しかし、その二年前の一一月に漱石は、かの『私の個人主義』の講演において「自己本位」の大切さ、つまり一人称になることの重要性を熱く語っていたばかりです。果たして彼は、一人称から超越的0人称へと一気に跳躍したのでしょうか。

宗教哲学者の上田閑照氏は著書『私とは何か』（二〇〇〇年）の中で『私の個人主義』という

『私』は『則天去私』をいう『私』である」と述べていますが、結論から言えば、私もそのように考えます。しかし、このままでは「自分はあるが自分はない」という言い方と何ら変わらない次元の表現になってしまい、禅問答的な不可解さがどうしてもぬぐえません。それでは哲学的思弁の霧の中に迷ってしまいますから、もう少し分かりやすく考えてみましょう。

『私の個人主義』で言われた「自己本位」とは、確かに一人称のことに他なりません。「自己本位」へと漱石が開かれたということは、「個人主義」の在り方としての一人称的主体への目覚めです。しかしながら、彼が『私の個人主義』の後半部で論じていた「他者」をも主体として尊重する在り方は、「個人主義」に欠かせないもう一つの重要な側面でした。

一人称の主体になるということは、個別性に目覚めることです。それは「私」という特殊性に目覚めることと言ってもよいでしょう。しかしそれまでは、自分の見ている世界や、感じ考えていることが普遍的であるような錯覚の中に人は生きている。つまり、独善的で独我的な世界観の中にいるわけです。

その状態においては、自分以外の人間を目にしても人はそこにまだ「他者」を見てはいません。つまり自分の想像力の範囲内で勝手に推測した程度の「他人」がいるに過ぎないのであって、自分の感性や思考では思いもつかないような「他者」などいるはずもないと「たかをくっている」わけです。これは、原始的共同体の中に暮らす「世間」人の世界観そのものです。そことでは、そもそも「語る」必要も「聴く」必要もないのです。何故なら、所詮自分と似たよう所詮《せん》自分と似たようなことを感じ考えている人間しかいるはずがないと「たかをくくっている」わけですから。

しかし、人は自分の個別性に目覚め一人称の主体になることによって、いかに自分が周囲の人間と異なったことを感じ考えているのかということに、否応《いや》なしに直面させられます。それは大変な驚きを伴う「経験」の始まりであり、「孤独」の認識の始まりでもあります。

この目覚めと共に、それまで「世間」において同質性を感じ確かめ合ってきた人間関係が、いかに薄っぺらで欺瞞《まん》に満ちたものであったのかを痛感し、人は愕然《がく》とします。そして、それまで物事をきちんと見ないことによって成り立っていた表面的な「仲良しごっこ」のいかがわしさに、激しい嫌悪感を抱き、怒りすら覚えることでしょう。

しかし、そのような時期を経た後には、自分が主体であるのと同じく「他者」が主体として存在していることが徐々に見えるようになってきます。これが、「他者」の発見です。この「他者」は、自分の偏狭な価値観や世界観を変え得る、異質な世界をもった存在として「経験」されます。

このようなプロセスを経て一人称になった個人は、語る時には文字通り一人称として自分の感じ考えたことを語るわけですが、さて「聴く」時にはどうするでしょうか。

真に「聴く」ためには、その際には一人称の自分を消去し、ひたすら相手という別の主体の陳述に耳を傾けることが必要になります。そうでなければ、「他者」の「他者性」を歪《ゆが》みなく受け取ることはできません。ただし、前にも述べたように、自分が一人称になっていなければ自分を消去することなど恐ろしくて出来ないという逆説的なことがあります。しかし、そのように自分を空しくして「聴く」ことによって、次に化学反応のような「経験」が自分の中に起こります。何と何が化学反応を起こすのか。それは、相手の一人称と自分の一人称です。ややこしいかも知れませんが、一人称であるからこそ自分を消去して「聴く」ことができる。そして「聴く」ことによって、一人称の自分が「他者」と反応し「経験」が生ずることになるのです。

さて、このようにして「他者」を発見し「聴く」ことを重ねていくと、その先には何が見えてくるでしょうか。

「他者」の中に「他者性」を見る、つまり「違う」を見ることを重ねていくことによって、その先には意外にも「同じ」が見つかってきます。「他者」の奥底に、「私」と同質のものが発見されるのです。それは、「世間」で見ていたような表面的で奥行きのない「同じ」とはまったく次元の違う、人間として普遍的なものに地下水脈の深さで触れる「経験」です。この普遍的なものに触れたとき、一人称の主体である「私」は、もはや「私」の個別性に固執出来なくなります。一個人を超越した地下水脈の偉大さに圧倒され、「私は」「私の」「私が」と言わなければならないような個別性が、とるに足らぬちっぽけなものに感じられるようになるのです。これが、一人称を経た超越的0人称の誕生なのです。

話を戻しますが、漱石について『私の個人主義』という『私』は『則天去私《そくてんきょし》』をいう『私』であるということは、「自己本位」という一人称の「私」の目覚めが成熟し、それだからこそ「則天去私」という超越的0人称が必然的に実現されたのだということなのです。つまり、「自己本位」がなかったならば「則天去私」もまたあり得なかったわけです。

ですから、「世間」に棲《す》む未熟な0人称であることは、似ているように見えはしても、超越的0人称に最も遠いところに留まっていることになります。つまり、一人称の「個人主義」を通過して来ていないような0人称は、浄土真宗で言う「妙好人《みょうこうにん》」のような例外を除いては、まず未熟な0人称だと見て間違いないと考えられるのです。

二種類の「われ」

オーストリア生まれのユダヤ人哲学者マルティン・ブーバーは『孤独と愛』（原題『われとなんじ』）（一九二三年）という代表作において、われに二種類あると論じました。一つはわれ――それというときのわれで、もう一つはわれ――なんじというときのわれです。

> 根源語われ――それにおけるわれは孤立した個としてその姿をあらわし、（ものを経験し利用

> する）主観として自己を意識する。
> 根源語われ——なんじにおけるわれは、人格《ペルソナ》としてその姿をあらわし、（「何々の」という属格なしで）主体として自己を意識する。

ブーバーは、主語を立てることが不可欠な言語の中で生きていたのであり、当然それを基盤に思索しました。つまり、われ抜きには陳述できない言語世界の人なのです。そのために彼は、同じようにわれを語るさまざまな人間や陳述の中に、質的に違う二種のものが混在していることに問題意識を持ち、それを区別しようとしてこのような論を展開したのでした。

前者のわれは、主客二元論でものを見る人間中心的な主体であり、個人的欲望を対象に向ける利己主義的な「個」であって、畏怖の念と敬意をもって向かうべき「他者」がまだ発見されていないわれです。これは、「利己主義」に留まって「個人主義」に至っていない状態の個人のことでもあります。会話が行われたとしても、それはモノローグの世界に留まる一方的なものになるでしょう。

一方、後者のわれは主客合一的で、もはや「私の」という所有権やクレジットにこだわらない主体であり、「人格」と名づけられています。ブーバーは、「人格」を次のように表現しています。

このように、人格は真の実在者とともにあることを意識する。また他の存在とともにあることを意識する。それ故にまた、存在そのものとして自己を意識する。

「真の実在者とともにあることを意識する」という表現は分かりにくいと思いますが、人間存在に普遍的な深い地下水脈に触れることを指したものです。宗教的に表現すれば、神という絶対者によって生かされているわれを知るということになるでしょう。また「他の存在とともにあることを意識する」とは、別個の主体として「他者」を発見し尊重することに他なりません。そして「存在そのものとして自己を意識する」とは、超越的0人称の状態で自己を意識することなのです。

人間に二種類あるのではない。二つの極があるのみなのである。
なんぴとも、純粋の人格とはなり得ないし、なんぴとも純粋の個とはなり得ない。

このように、ブーバーはわれを語る一人の人間の中に、この二種類のわれが潜んでいると考えました。二つの極として二つのわれがある。これについて、前の図1の見方を発展させた図4で考えてみるとどうなるでしょうか。

図４

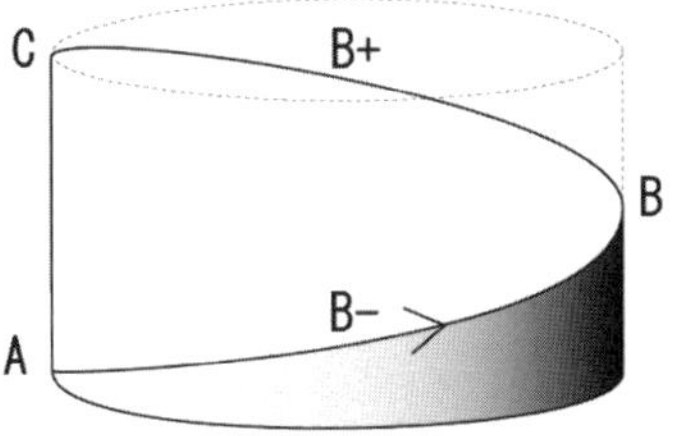

ブーバーにとってのわれは、B^-からB^+までの幅をもった一人称として捉えられていると考えられます。そして、B^-とB^+が二つのわれ、つまり一人称のふり幅の二つの極に相当するのです。「人格」としてのわれがB^+、「個」としてのわれがB^-です。

ひとが「われ」というとき、その言い方によって――つまり、その意味のしかたによって――そのひとがいずれのわれに属し、またそのひとの行く手がいずこにあるかが決定される。このように、われという言葉は、人間の性質を決める真の試し言葉である。だから、われなる言葉をよく注意して聞かなければならない！

前に私は、西洋においても「個人主義」が決して完成されているわけではないと述べましたが、このようなブーバーの議論を見ても、彼らの抱える問題や苦悩が見えてくるように思われます。一人称のわれを義務的に立てなければならない言語を生きている西洋人も、その内実は未熟な0人称に近い独善的で利己的な在り方もあれば、超越的0人称に近い「人格」的な在り方も混在しているわけです。それだからこそ、「われ」という言葉の質的な違いを注意深く聞き分けなければならないとブーバーは言うのです。

フロムの警鐘

ドイツに生まれ、のちにアメリカに帰化した社会心理学者エーリッヒ・フロムは『生きるということ(原題 TO HAVE OR TO BE?)』（一九七六年）において、過去二〇〇年の間に欧米の言語が to be から to have を多用するように変わってきていることを指摘しました。

例えば、一八世紀には文法的に誤りとされていた「私はこういう考えを持っている」という表現が、現代においては「私はこう考える」よりもポピュラーな言い回しになってきているというのです。このように動詞を使う表現から、動詞を名詞化して動詞 have を多用するようになってきていることは、人間が「所有」に重きを置くように変ってきていること、人間が主人としてあらゆる事物を支配しようとする在り方になってきていることの象徴ではないか。フロムはこのように考え、「あること」をあるがままに受け取ることを人間が忘れて思い上がり、「人間中心主義」に陥っていることに警鐘を鳴らしたのでした。

フロムも、先ほどのブーバーの哲学に大いに影響を受けた一人でした。主客二元論的なものの見方に呪縛され、欲望の視線で対象を眺め支配や所有を目的にするような人間の在り方に、とても危険を感じていたのです。そして彼は、むしろ東洋をお手本に、本来的な人間の在り方である「to be 的存在様式」に向けて、ラディカルな内的変革をすべきだと呼びかけたのです。
彼の問題意識は、先ほどの図４で言えば B^{-} の人間、つまり利己主義的欲望に翻弄され、傲慢な人間中心主義に陥った人間に向けられたものです。しかし、このように「to be 的存在様式」に向かうことが推奨されているからと言って、私たちは図４のA地点の未熟な０人称に「回帰」することは出来ないことに留意する必要があるでしょう。向かうべきは、B^{+}を通り抜けた先にあるC地点の超越的０人称なのです。

往々にして西洋人は東洋に美しき幻想を抱きがちです。未熟な０人称の存在と超越的０人称存在とを、同じ「うるわしき０人称」というカテゴリーで見てしまうことがよくあるのです。私たちは、彼らのこのような誤解を鵜呑《うの》みにしてはなりません。フロムも禅仏教への深い関心を持っていましたが、彼らが憧れをもってイメージしている東洋人の姿とは、あくまで超越的０人称としての姿なのです。

私たち日本人は、彼らがこれまで長い年月をかけてたどって来たプロセスの成果だけを要領良く頂いて今日の物質的繁栄の中に暮らしているわけで、彼らが「利己主義」「人間中心主義」の問題に直面して苦悩する様を見て、「やっぱり自分たちのように、元々のAで良かったんじゃないか」と受け取ってはならないだろうと思います。私たちは、いわばカンニングして試験をパスしたような状態で図４の B^{-} の地点に立たされているようなものですから、本当は二重の課題を背負っていることを直視しなければなりません。つまり、彼らがこれまで通って来た図4のAからBへのプロセスに伴う課題と、今日の世界全体が直面しているB̄からいかにしてC地点に進めるのかという課題の両方に、同時に直面させられているわけです。

キメラ状の「利個人主義」の出現

これまでの議論では主に、「世間」人の未熟な0人称の在り方と「個人主義」を達成した一人称の在り方、さらにその成熟した形としての超越的0人称という三つの人間の在り方について述べて来ました。しかし、現代の人間の在り方について見渡してみるとき、必ずしもこれらの図式では理解し難いようなタイプの人々も、少なからず存在しているように思われます。

そこで、理解のための一つの試みとして、次のような図式を用いて考えてみたいと思います。

図5-1

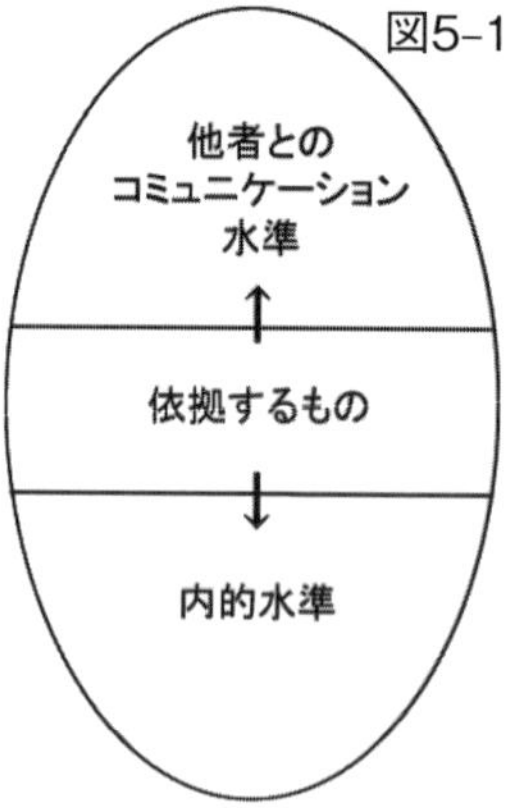

この図5—1は、中心にその人間の依拠するものを置き、上部には他者とのコミュニケーション水準においてどのような在り方になっているかということ、下部には内的水準について、つまり人称としてどのような段階にあるかということを示したものです。

図5-2

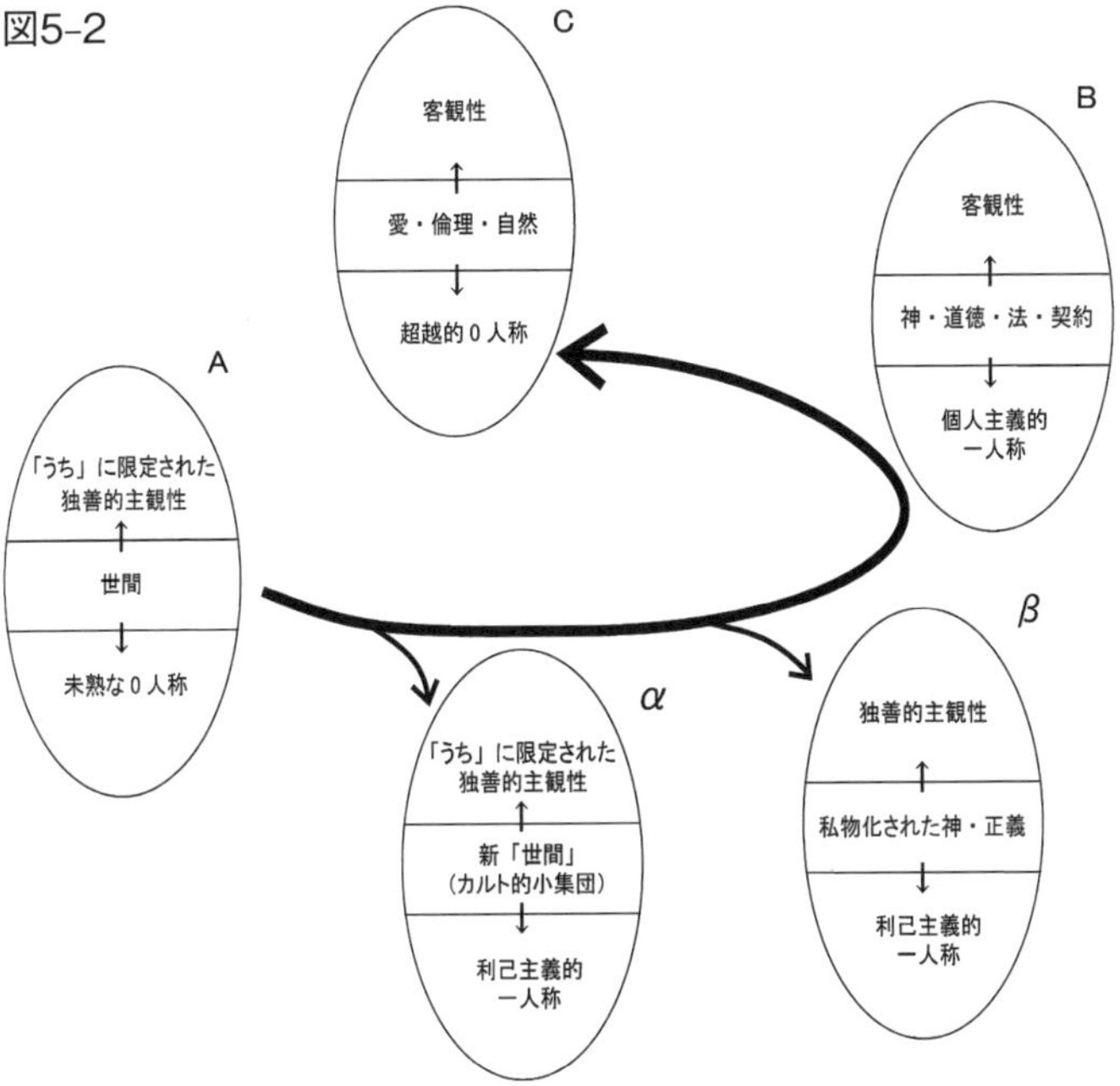

この図式に従って、これまで言及してきた様々な人間の存在様式や、新たに出現して来ている人間の状態についてまとめてみたのが次の図５―２です。

Ａは「世間」人の在り方で、Ｂは「個人主義」の達成された形の人間の在り方です。そしてＣが、最も成熟した理想的な人間の在り方を示したものです。前の図１のＡ、Ｂ、Ｃにそれぞれ対応しています。

ここで、ＡからＢへの道筋の途中で脇道にそれてしまった形として、αとβがあります。

αは近年新たに出現して来てい

ると思われるある種の日本人の姿を想定したもので、Aとの違いは下部にあります。Aにおいて未熟な0人称であったものが、西洋的一人称の影響を受けて変質してきています。しかしそれは、個人主義的な一人称ではなく、利己主義的一人称に留まってしまっているのです。ブーバーのところの図4でBとして示したような一人称の質ということです。

βは、主に欧米において建前上はBの個人主義的な在り方を目指していながらも、ある状況下において独善的な状態に陥ってしまった場合の姿を表したものです。全体主義に傾いた状態がこれに相当しますし、9・11以降のアメリカが感情的に傾斜した時の在り方もこのようなものであったと思われます。

αもβも、外に対しては独善的主観性を向け、内的には利己主義的な一人称を持っている点で共通しています。Aでは「個人」の自由や尊厳が犠牲になっているという意味で原始的ではあるけれども、「世間」というものが機能して、共同体としての秩序を維持することはできていました。Bは西洋が主導して理想形として追い求めて来た「個人主義」を基盤とした秩序の世界に生きる人間の姿です。しかし、脇道にそれた変種としてのαやβは、秩序を形成することはできません。偏狭な利己主義が他の利己主義と節操無く衝突するばかりで、終わりのない憎しみと報復の連鎖を生むことになってしまうのです。生物学で、同一個体中に複数の遺伝子型を持つ部分が混在するものを、ギリシャ神話の怪物キマイラにちなんでキメラと言いますが、

αやβのような状態は「利己主義」と「個人主義」が奇妙に混在したものですから、キメラ状の「利個人主義」とでも言うべきかも知れません。

しかし、個人の自由や主体性に一度《ひとたび》目覚めはじめた人間は、この道筋をAの方向へと逆行することはできません。私たちはもはや、古きAの「世間」に秩序を求めることはできないところまで歩みを進めてきています。Bの「個人主義」がいかなるものであるのか、それに目を背けることなく正しく知り、そこに向けて進む以外ないだろうと思うのです。

成熟した「個人主義」の実現は、決して容易ではありません。うっかりすれば「利個人主義」に逸《そ》れてしまう危険が常に待ち構えていますし、実際、私たちの周りにはそのような状態の人間も増え始めて来ているように思われます。

しかし、様々なイデオロギーや政治形態を超えて、すべての人間が個別性を尊重され、互いに尊重し合えるような在り方は、まずはそれぞれが正しく「個人主義」を目指すこと、そしてさらに「他者」を「聴く」という「経験」を積み重ねていくことによって超越的０人称に開かれるように進むことでしょう。人間という複雑な存在にとって、これがいかに困難な道であるとしても、真の成熟とはこのようなプロセスで実現されていく以外ないものであると私は考えます。

第5章　日本語で「私」を生きるために

「主語」を立てると何が起こるか

「世間」の要素を色濃く残した人間環境の中で、「私」という一人称を目指すことはなかなかに困難を極めるものです。特に、帰国子女の方たちとの数々の面接において、私は彼らの苦労が生易しいものでないことを痛感させられてきました。また、そのような海外経験とは無縁であっても、「世間」への盲従を強いられるような暗黙の空気に、幼いころから違和感を抱いてきた方たちの苦悩も、やはり深刻なものです。

私たちの周りでは、「世間」に対して「適応」することを「正常」と見なす風潮がいまだ支配的ですから、彼らは「自分が劣っているのではないか」「自分が異常なのではないか」といった間違ったフィードバックを自分自身に向けてしまいがちです。そして、それが痛ましいほどの自信喪失と自己否定を生んでしまうことも珍しくありません。

第1章では「主語」を立てない日本語の特性について触れましたが、あえて日本人の早期教育として「主語」を立て、論理的に自己主張できるようなコミュニケーション・スキルの教育活動を行っている三森ゆりかさんという方があります。三森さんは中高四年間をドイツで過ごされた帰国子女で、日本人が国際的なコミュニケーション能力があまりに低いことに問題意識を持ち、そのような活動を始めることにしたそうです。

彼女は『論理的に考える力を引き出す』（二〇〇二年）という著書において、その教育実践のポイントとなることいくつか挙げていますが、中でも私が興味深く思ったのは次のような項目です(泉谷が一部の表現を変え、項目も選択し、番号付けを行いました)。

1.「人の話をよく聴きましょう」
2.「『察しの悪い大人(親)』になりましょう」
3.「一人称主語を入れましょう」
4.「『みんな』に埋もれず『私』を持ちましょう」
5.「子供の『どうして?』『なぜ?』を屁理屈と片付けずに、きちんと答えましょう」
6.「『それでどうだった?』『〜はどうする?』といった曖昧な質問はやめましょう」
7.「答えを『〜とか』のようにボカすのはやめましょう」
8.「きちんとかみ合った問答をしましょう」

これらは、第2章の「世間」内言語の特徴として私が抽出した内容とかなり合致した問題意識であると思います。1と8はダイアローグになっていないモノローグ的状態、2は「察する」文化であることや「聞き手責任」の問題について、3と4は個人責任の回避・集団の意見による代用、5は懐疑的精神の排除、6は丸投げ的質問、7は文末や語尾のカメレオン的変貌に、それぞれ相当しています。三森さんは、これらの傾向を持つ言葉は欧米の言語に翻訳不可能であるだけでなく、日本人以外とのコミュニケーションにおいて大きな妨げになる要素であると述べています。

ところが、彼女はこの本の最終章で次のようなことを述べています。彼女の教室に通っている子供たちは、それまで活発だったのに中学生になった途端に沈黙し始めます。それは、中学に入ると問題に対し一つだけの正解しか認められなくなることや、人と違うことを言うと危ないことになりかねないということが原因になっているらしいのです。そこで彼女は、子供たちに「日本社会適応モード」と「国際社会適応モード」を使い分けるように勧めるようになったと言うのです。それは、彼女自身が帰国子女として苦労の末に身に付けた、日本「世間」で生きていくための適応の工夫でもあったのでしょう。

「私」という主体を生きようとするとき、このように身を隠す術を身に付けなければならないのが日本人の置かれている状況です。私も前著において、適応のためのアダプターをまとった「したたかな二重構造」の必要性についての記述を入れました。一人称の主体をもつことは、日本においては今日でもまだ、大変な労力と知恵を要することなのです。

しかし、一人称の存在にならなければ、国際的なコミュニケーションの場面では全く通用しませんし、また何より問題なのは、「世間」への適応という複雑な作業に能力をつぎ込んで消耗してしまい、残されたわずかの力で本来の物事を成さなければならない状況になってしまうことです。「世間」からの「現実嵌入《かん》」という重い足かせをつけたまま国際的なレースに臨まなければならないような状況は、実にもったいない損失を生んでしまっているのではないかと私は思うのです。

一人称を生きる日本人の言葉

しかしそんな中にあっても、力強く一人称のメッセージを発信してくれる日本人は以前からポツリポツリとおりましたし、今日も確かに存在しています。私自身もそのような人たちの存在と言葉に、幾度となく目を覚まされ、自分を取り戻す勇気をもらってきました。

ここでは、私の目に触れたそのような人たちの言葉をいくつか紹介してみたいと思います。

金子光晴

反骨を生きた詩人・金子光晴氏の、あまり有名ではありませんが次のような詩は、諧謔《かいぎゃく》味のある誇張された表現の中にも、「世間」に同化しない彼の精神が端的に表れていて、なかなか爽快です。

反対

僕は少年の頃
学校に反対だった。
僕は、いままた
働くことに反対だ。

僕は第一、健康とか
正義とかが大きらひなのだ。
健康で正しいほど
人間を無情にするものはない。

むろん、やまと魂は反対だ。
義理人情もへどが出る。
いつの政府にも反対であり、
文壇画壇にも尻を向けてゐる。

なにしに生れて来たかと問はるれば、
躊躇なく答へよう。反対しにと。
僕は、東にゐるときは、
西にゆきたいと思ひ、

きものは左前、靴は右左、
袴はうしろ前、馬には尻をむいて乗る。
人のいやがるものこそ、僕の好物。
とりわけ嫌ひは、気の揃ふということだ。

僕は信じる。反対こそ、人生で
唯一つ立派なことだと。
反対こそ、生きてることだ。
反対こそ、じぶんをつかむことだ。

（『金子光晴詩集』）

この詩は彼が二二歳の一九一七年(大正六年)頃に書いたものですが、その後彼は二四歳で二年弱渡欧し、再び三三歳の時には妻の三千代さんを連れ約五年に渡る東南アジア・欧州放浪の旅に出ています。また第二次大戦中には山中湖畔に疎開し、たとえ非国民の誹《そし》りを受けようとも、愛する息子の兵役忌避のために心を砕き、松葉を燻《いぶ》した部屋に息子を閉じ込めたり、裸で冷たい雨の中に夜通し立たせたりして、喘息で徴兵検査に落第するようにもしたのでした。七〇歳の彼が出版した『絶望の精神史』(一九六五年)は、実際に明治、大正、昭和を生きぬいて来た彼が、明治百年を前に、日本人というものについて振り返ったエッセイです。

今日の日本人のなかにも、まだ残っている、あきらめの早い、あなたまかせの性質や、「長いものには巻かれろ」という考えからくる、看板の塗替えの早さ、さらには、節操を口にしながら、実利的で、口と心のうらはらなところなどは、江戸から東京への変革のあいだを生き抜けてきた人びとの、絶望の根深さから体得した知恵の深さと言ってもいいものだろうか。

関東大震災や第二次大戦前後などの様々な極限状態下で、日本人の根底に潜んでいた性質がなりふり構わずむき出しになった様を、彼はじかに山ほど目にしてきたのでした。そして、たとえ時代が変わったとしても、日本人である私たちの奥底にそのような性質が宿痾《あ》の如く脈々と流れていることを見逃しませんでした。そして、これからの日本人について、彼はこう述べます。

　これからの日本人の生き方はむずかしい。一口に、東洋的神秘とよばれていた不可解な部分を、日本人もたしかにもっていた。腹切りだとか、座禅だとか、柔術だとか、芭蕉の境地だとか、それに、何かの実用価値か芸術価値があるにしても、それ以上に神秘な、深遠なものと解釈し、日本人の精神的優位を証明する道具に使われたりすることは、日本人自身としても警戒を要することだ。それは、日本人を、世界からふたたび孤立させようとする意図にくみすることにほかならない。日本人の不気味な微笑とか、わからぬ沈黙とか、過度な謙譲とか、淫酒癖とか、酒のうえのことを寛大にみるへんな習慣とか、それがみな島国と水蒸気の多い風土から生まれた、はかない心象とすれば、日本人がしっかりした成人として生きてゆくために、自ら反省し、それらの足手まといを切り払い、振り捨てなければならないのだ。

このように、日本人の未熟な0人称の特徴を、いたずらに神秘的で深遠なものなどと美化せず、「しっかりした成人」にならなければならないのだと金子氏は語ります。

そしてこの本の最後に、彼は次のような重要なメッセージを残しています。

もちろん日本人の根性のなかには、そんな悪い品物ばかりがつまっているわけではない。日本人の美点は、絶望しないところにあると思われてきた。だが、僕は、むしろ絶望してほしいのだ。…（中略）…しいて言えば、今日の日本の繁栄などに、目をくらまされてほしくないのだ。

そして、できるなら一番身近い日本人を知り、探索し、過去や現在の絶望の所在をえぐり出し、その根を育て、未来についての甘い夢を引きちぎって、すこしでも無意味な犠牲を出さないようにしてほしいものだ。

絶望の姿だけが、その人の本格的な正しい姿勢なのだ。それほど、現代のすべての構造は、破滅的なのだ。

日本が愚かな戦争にいかにして突入していったのか、その根源的要因として「絶望しない」日本人の特性があるのではないか。身近で「甘い夢」の犠牲となり、無念さの中に果てていった人間たちをいやと言うほど見てきた彼は、あえて「絶望」の大切さを述べたわけです。

「一番身近い日本人」とは、言うまでもなく自分自身のことです。自分自身を深く知って、都合の悪いところを要領良くごまかすのでなく、真正面から「絶望」すること。そのとき初めて自分自身が成熟し、日本の「世間」的な精神風土に流されない生き方ができるのだということを、金子光晴氏は身をもって知っていた人間だったのです。

白洲次郎

大正時代にケンブリッジ大学を卒業し、終戦直後ＧＨＱ支配下の日本で吉田茂側近として活躍し「従順ならざる唯一の日本人」と評され、のちに貿易庁長官としても活躍した白洲次郎氏は、歯に衣着せぬ発言で日本人の問題点を指摘した人物でした。その分、当時はいろいろと誤解もされることも多かったようですが、近年、国際人として堂々と意見を主張した稀《まれ》なる人物として、再評価の機運が高まってきています。

彼は、日本人のプリンシプル（原則）の無さにとても問題意識を持っていました。

これで思い出すことは、プリンシプルのことだ。プリンシプルは何と訳してよいか知らない。原則とでもいうのか。日本も、ますます国際社会の一員となり、我々もますます外国人との接触が多くなる。西洋人とつき合うには、すべての言動にプリンシプルがはっきりしていることは絶対に必要である。…（中略）…残念ながら我々日本人の日常は、プリンシプル不在の言動の連続であるように思われる。

（「プリンシプルのない日本」『諸君！』一九六九年九月号）

どうも日本人というのは、これは日本の教育の欠陥なんだけど、物事を考える時に、物事の原則っていうことをちっとも考えないいんだ。…（中略）…

国際的に見るのには、そういうふうに物事を考えることが一番大切だと思うんだ。よく日本人は「まあまあ」って言うんだ。「まあまあ」で納めるのもいいんだよ。妥協ということに僕は反対するわけでも何でもないいんだ。妥協は妥協でいいよ。だけども、ほんとの妥協ということは、原則がハッキリしている所に妥協ということが出て来るんでね。日本人のは妥協じゃないんだ。単なる頬かぶりですよ。原則をほったらかしといて「まあまあ」で円く納めようとする。納まってやしないいんだ。ただ問題をさきへやっとこうというわけだ。臭い物には蓋《ふた》をしろというんだよ。

（「日本人という存在――河上徹太郎、今日出海との座談会」『文藝春秋』一九五〇年八月号）


白洲氏の言う「プリンシプルの無さ」は、第2章でも触れた「現実欲入《かん》」が絶えず行なわれることによって思想が形成されにくい日本人の性質を指しています。ケンブリッジで教育を受けサンフランシスコ講和条約の特使も務めた彼には、それが日本の外では全く通用しない悪癖であることをよく知っていたのです。

日本語についても、彼は次のように指摘しています。

経済人の自己陶酔もさるものだが、同じようなことが今の日本の文士にもありはしないか？僕はそういう人の本を読んでみて感心することが、唯《ただ》一つだけある。それは自分が非常に自己陶酔していて、自分のその自己陶酔をそのまま読者に鵜呑《うの》みさせるという技術を持っていることと、その点だけは偉いものだ。

日本の文士が殊更そういうことに陥《おちい》る原因の一つは、日本の言葉だと思う。日本語というものは、僕はわからんけれども、綾《あや》があるとか、含みとか言って、ものを表現するのに、ヨーロッパ式にいうと、正確度というものを非常に欠いている。だからいろんな含みのあるような表現をする。その表現に自分が先に酔っちゃうのだ。…（中略）…又そういう言葉の魔術に引っ掛るのが、日本の読者の低級さなのだ。……

（「日曜日の食卓にて」『文藝春秋』一九五一年九月号）

主語の不在、様子を見てカメレオン的に変わる述語などを始めとする日本語のもつ曖昧《あいまい》さを日本語の美点として自己陶酔しているようでは、きちんとした物事の認識が妨げられ、議論が論理的に成り立たないことにつながってしまう。無謀にも第二次大戦に突入していった時の日本も、そのような自己陶酔の蔓延《まんえん》によって国全体が冷静な状況認識を誤ったのだということを、彼はよく見ていた人間だったのです。

藤田嗣治

一九一三年(大正二年)に渡仏し、エコール・ド・パリの一員として活躍した画家の藤田嗣治氏は、第二次大戦中の一九四〇年に帰国し他の画家たちと同様、戦争画を描かされました。しかし終戦後になって、一人だけ戦争責任を負わされるような形にされ、失意の中で彼はフランスに戻り、帰化して一生を終えました。

もともと日本画壇からフランスでの活躍をやっかまれていた藤田氏でしたが、終戦となって器用に反戦主義者に転向した画壇の画家たちによって、藤田氏はただ一人戦争協力者としてやり玉にあげられ、日本を追われるような形になったわけです。つまり、日本画壇という「世間」による「いじめ」に遭ってしまったわけです。

彼が戦前に発表したエッセーには次のような言葉があります。

……有色人種なるが故に、到る処で侮辱を受けねばならない日本人は、外国に行くと間もなく、みな国粋主義者になるのである。それの冷めないうちに帰朝した人々の言葉にのってはならないと思う。勿論日本人独特の長所美点も多いけれども、日本人は何といっても子供だ。子供でなければ青年になりかけ位だ。まだ自分のものを持っていない。成長の途中にあるのだ。……(中略)…日本人が小成しやすい原因は、排他的な気質と行き届きすぎた劃一教育にあるのではないかと思う。

（『腕一本《ブラ》・巴里の横顔　藤田嗣治エッセイ選』）

そして、最晩年の七九歳の時には、こんな言葉を残しています。

世間の人は知らな過ぎる。知るわけもなく、外国に永く居るから、おそらく世間の噂で想像した話が誇張されて、今まで筆禍をこうむる事のみ、私の気持ちとして弁解反駁する事もないから、勝手各自我流の論法で私の事を云々している。…（中略）…私というものはデリケートな気性から争諍を嫌い、人中に入りてその程度のレベルの人になりたくない。…（中略）…今までそれ故どれだけ損をしたか、何故その場で口をきいてその真偽を弁駁しないか、やっつけられる時は何故相手を叩かぬかとは、終始私より二まわりも年若の女房の願いだが、そんな連中と争いあってもたとえその場で言い負かしても陰では何の反響もなく平然としている輩にすぎないと思って、馬鹿みたいな顔をして馬鹿と思わせていた方が面白いと思っている私だ。

人は勝手な理屈をつけて何とでも言ってる。世間の口はうるさく一人の口から漏れて何千の人の耳に伝わってそれが広まっても、私は終始０が何万集まっても０に過ぎず、一の方が強いと言ってる。

（同前）

自分を追い出した日本の「世間」に対し、藤田氏は「その程度のレベルの人になりたくない」として、弁解もせずにいたことが分かります。そして最後の「0が何万集まっても0に過ぎず、一の方が強い」という言葉が印象に残ります。0人称が徒党を組む「世間」というものは、たった一人の一人称にかなわないものだという彼の言葉を、実際のちの歴史も証明してくれているように私には思えます。二〇〇六年に彼の戦争画を含む大回顧展が東京国立近代美術館で開催されていましたが、私は彼の戦争画を見て、それが決して戦争を奨励しているようなものではないことをはっきりと感じ取りました。むしろ、その画面から伝わって来たのは、悲惨な戦場で必死にもがいている人間たちへの深い人間愛であり、それは、むしろ反戦のメッセージとして私には届いたのです。

岡本太郎

一九二九年にパリに渡って哲学や民俗学を学びつつも画家として抽象芸術運動に身を投じ、藤田氏と同じく一九四〇年に帰国し、その後、独自の前衛的作品を作り続けた岡本太郎氏。彼もまた、日本画壇に対し一線を画す立場を力強く貫いた人でした。

無難な道をとり、皆と同じような動作をすること、つまり世間知に従って、この世の中に抵抗なく生きながらえていくことが、あたかも美徳であるかのように思われているのだ。徳川三百年、封建時代の伝統だろうか。ぼくはこれを「村人根性」といっているが、信念をもって、人とは違った言動をし、あえて筋を通すというような生き方は、その人にとって単に危険というよりも、まるで悪徳であり、また他に対して無作法なものをつきつけるとみなされる。
　これは今でも一般的な心情だ。ぼくはいつもあたりを見回して、その煮えきらない、惰性的な人々の生き方に憤りを感じつづけている。

（『自分の中に毒を持て』）

　近年、彼の著作が沢山復刊され、かなり幅広い層の人たちにその熱いメッセージが大変歓迎されているようです。彼もまた、活躍していた当時は「世間」から変わりものとして見られることを承知の上で、既存の窮屈な価値観を壊そうと一人称を貫いた人でした。没後一〇年以上経《た》った今日でも、彼の作品や生き方は多くの人を鼓舞し続けてくれています。

石岡瑛子
アートディレクター、グラフィックデザイナーとして一九八〇年代からニューヨークに拠点を移して世界的な活躍をしている石岡瑛子氏は、一九八五年にカンヌ国際映画祭で芸術貢献賞を受賞されています。しかし、この栄誉ある出来事もまた日本的「世間」によって踏みにじられてしまったらしいのです。この時の日本側の反応について、石岡氏は次のように記しています。

映画「MISHIMA」は、ある圧力によって葬られたまま、完成から二十年以上経った今も日本では未公開になっている。…（中略）…信じられないことだが、カンヌ国際映画祭に来た日本のジャーナリストたちのほとんどが、映画祭の成功の事実を無視したり、意図的に歪曲して報道するという行動に出た。それなのに、制作の中心人物であるアメリカ側のフィルムメーカーには何の行動も起こさない。外人連中はしょうがない、という理由なのだろう。このような露骨な反対の動きを見て、私は日本人でありながら、日本の闇の部分を全く知らないで生きてきたことに愕然とした。

スタッフのひとりとして内情をよく知る私は、そんな事実に出会って、たとえようもなく立腹し、悲しむと同時に実に頻繁に思い知らされたのは、もう風化しているはずの島国根性が今も知的な日本人の中に厳然と根強く残っているという事実である。そのことは、私が日本を離れようと決意した理由の一端も担っている。……

（『私デザイン』）

この石岡氏のように、素晴らしい才能の持ち主が得体のしれない圧力によってどんどん海外に流出してしまっているとしたら、とても残念なことであると私は思います。しかし実際に、学問の世界でも、技術開発の分野でも、音楽の分野でもこれに類することが少なからず起こっていることは、紛れもない事実です。そして、それらはいずれもある種の「世間」による「いじめ」によって生じていることは間違いありません。「出る杭は打たれる」という言葉がいまだに有効であるような「世間」が続く限り、このような流出現象は続いてしまうことでしょう。

中田英寿・イチロー

茨木のり子さんの詩の中に、「球を蹴る人」という一篇があります。

球を蹴る人
—Ｎ・Ｈに—

二〇〇二年　ワールドカップのあと
二十五歳の青年はインタビューに答えて言った
「この頃のサッカーは商業主義になりすぎてしまった

こどもの頃のように無心にサッカーをしてみたい」

的を射た言葉は
シュートを決められた一瞬のように
こちらのゴールネットを大きく揺らした

こどもの頃のサッカーと言われて
不意に甲斐の国　韮崎《にらさき》高校の校庭が
ふわりと目に浮ぶ
自分の言葉を持っている人はいい
まっすぐに物言う若者が居るのはいい
それはすでに
彼が二十一歳の時にも放たれていた

「君が代はダサいから歌わない
試合の前に歌うと戦意が削《そが》れる」
〈ダサい〉がこれほどきっかりと嵌《はま》った例を他に知らない

やたら国歌の流れるワールドカップで
私もずいぶん耳を澄したけれど
どの国も似たりよったりで
まっことダサかったねえ
日々に強くなりまさる
世界の民族主義の過剰
彼はそれをも衝《つ》いていた

球を蹴る人は
静かに　的確に
言葉を蹴る人でもあった

（『茨木のり子集　言の葉　3』）

N・Hとはもちろん中田英寿さんのことですが、彼の言葉が力強い一人称の言葉であることを、一人称を生きる茨木さんのアンテナが鋭く捉えたわけです。

その中田英寿さんは、日本語について次のようなことを述べています。

日本語には、主語を言わない文化、すべてを言い切らない文化、というものが存在する。これは日本語文化の素晴らしいものの一つだと思う。すべてを伝えなくてもそこには共通認識があり、〝阿吽《あうん》の呼吸〟のようにお互いが理解しあえる。これは俺が知りうる限りでは、他の言語ではほとんど存在しない。しかし、それは時によって混乱の原因になることもある。…（中略）…同様に、すべてを言い切らない文化という所でも、お互いの〝共通認識〟がない場合には話が続かない。お互いをよく知っている仲の良い友達間での話し方と、共通認識が存在しない人の間で喋る場合には、話し方を変えなければならないと思う。特にそれがインタビューという不特定多数の人に向けてのものだったならば、なお更。…（中略）…〝不快〟〝マスコミを馬鹿にしている〟〝大人になれ〟等々いろんなMAILをもらいました。が正直、なんでこんなMAILをもらうのか俺には分からない。というのも、マスコミを馬鹿にしているんだったら最初からインタビューなんて受けないし、大人の対応ってなんだ？　相手の言いたいと思っていることを考慮して（あっているか分からなくても）、答えることだろうか？

例えば（こういう質問じゃなかったけど）、「今日の試合は2―2でしたが……」という質問にはどう答えれば良いんだろう？　この質問の先にはいくつもの可能性がある。…（中略）…本当に挙げ始めたらキリがないし、この場合の俺とインタビュアーの間には〝共通認識〟は存在しない。それに、インタビューというものは特定の中だけで流されるものではないだけに、その内容をきちんと限定する必要がある。…（中略）…

…いかに具体的に相手に伝える能力があるか、というのがマスコミに期待されることじゃないかと俺は思う。俺は悪気があったり相手を馬鹿にするために、質問に答えているわけではない。だったら最初から話もしないし……。ただ、相手がきちんと考えて質問をしていなかったり、自分が聞きたい答えを導き出すためだけの質問にはそれなりの対応をする。それが見ている人には不快に映ることもあるかもしれない。でも、俺はそれが必要なことだと思うし、続けて行こうとは思っている……。

（『nakata.net 2005-2006』）

メジャーリーグで目覚ましい活躍をしているイチロー選手も、同じような問題提起をしています。

いい記者になるためには、質問は、自分で考えなければいけません。人はみんなそう成長するのですから。いい質問だけにしてください。

（『夢をつかむ　イチロー 262 のメッセージ』）

ぼくは、意図を、明確に伝えます。だから、もめごとも、多いんです。

そのときは、もちろん、険悪になります。でも、長いスパンで考えてみてください。
（『未来をかえる　イチロー 262 のメッセージ』）

いずれも「世間」内言語に対する明確な問題意識を向けた発言で、本章の始めでも採り上げた「察する」の問題や「曖昧《あいまい》な質問」をしがちな傾向について触れています。

インタビューという公の場面ですら、モノローグ的に「聞き手責任」を当て込んだ「曖昧な質問」がしばしば彼らに投げかけられます。そして、それを「世間」が望むように受け返さなければ、「生意気だ」とバッシングする。しかも、それをインターネット上で匿名の隠れ蓑《みの》を着て行なうような人間も多いのです。

このような「世間」内言語や「世間」人に対して、しかし彼らは一人称としてきっぱり意見を表明しています。茨木さんと同じく私も、このような若い世代の日本人が活躍していることに大変に誇りを感じますし、彼らの存在や発言が日本の「世間」を少しでも変えてくれる力になってくれることを信じています。

村上春樹氏の文体

私の所にいらっしゃるクライアントの方たちから、どんな本が好きかということを伺うことが時々あるのですが、そこでかなりの確率で「村上春樹の小説」という答えが返ってきます。これは一体どうしてなのだろうと私は以前から気になっていたのですが、フランス現代思想や武道論の専門家で最近活発な著作活動をされている内田樹氏の『村上春樹にご用心』という本を読んで、その理由の一端が少し判《わか》った気がしました。

私自身は決して熱心な「村上春樹作品」ファンではありませんが、デビュー作の『風の歌を聴け』から始まって、『ねじまき鳥クロニクル』辺りまで一通り読んできていました。そして一読者として漠然と彼の作品に魅力を感じてきてはいたのですが、彼の「文体」に大きな秘密があるということには、これまで思い至りませんでした。

内田氏の『村上春樹にご用心』には、次のような内容が書かれてあったのです。熱烈な村上ファンである内田氏は、フランス滞在中に仏語訳の村上作品を手に入れ、それを自分で日本語訳してみた。それを日本に戻ってから村上氏の原作と照らし合わせてみたところ、これがほとんど一致したというのです。「とくに村上春樹は翻訳されることをほとんど最初から勘定に入れて書いているから、日本語の文章と訳文のあいだに温度差がない」とも内田氏は書いています。

これは、本書の第1章で取り上げた日本語と欧米語の大きな性質の違いから考えてみれば、とても珍しいことであろうと思うのです。ノーベル文学賞の候補にも挙がるほど、今や世界中に読者を持つ彼の作品が、日本語で書かれているにもかかわらず訳し戻しにも耐え得るような普遍的文体を持っているということ。そこに、日本語の新たな可能性の手掛かりもあるのではないでしょうか。私は、村上氏自身がどの程度意図的に、そのような文体を用いているのかということに、とても興味を持ちました。

村上氏自身の証言は、心理学者・河合隼雄氏との対談の中に見つかりました。

個人的な話をいたしますと、僕は、両親が教師で国語を教えておりました。…（中略）…それで、僕は十代を通して二つのことを憎むようになる。一つは教師、一つは日本文学です（笑）。…（中略）…ただ本を読むのは好きで、主に外国の小説を十代のころずっと読んでおりまして、大学に入って、自分でも何か書きたいと思った。そこでパラドックスに突き当たったんです。というのは、僕が日本語で小説なり短編を書くとそれは日本文学になる。でも、僕は日本文学を憎んでいる――。そういうダブルバインドというか、パラドックスにぶち当たって非常に悩むんですね。まったく何も書けなかった。

（『心の声を聴く　河合隼雄対話集』）

河合　それは言葉の構造が日本語と英語、ヨーロッパ語ではまったくちがいますからね。だいたい思考パターンがちがうでしょう。だから、はじめに言われたように村上さんが個ということを考えられて、日本からいっぺん出て日本語で書かれたということには大きな意味があったと思うけれど、それから先を続けようと思うと、日本へ帰ってきて日本語で、というふうにどうしてもなるのではないでしょうか。

村上　そうなんです。結局、それまで日本の小説の使っている日本語には、ぼくはほんと、我慢ができなかったのです。我(エゴ)というものが相対化されないままに、ベタッと迫ってくる部分があって、特にいわゆる純文学・私小説の世界というのは、ほんとうにまつわりついてくるような感じだった。それが当時ぼくはいやでいやでしょうがなくて、こういうところを抜け出したい抜け出したいと思って。でも、最近になってやっと日本の文学自体の中で、言語的な流れが少し変わってきた気がする。

最近の若い人にしても、文章そのものが違ってきたでしょう。これはすごく大きい転換だと思うんです。そしてもちろん、言語システムと思考システムの転換は呼応しているわけですね。そういう流れのなかで、日本で書くことにも可能性があると思ったことがひとつあります。

（『村上春樹、河合隼雄に会いにいく』）

村上氏は、かなり意図的に従来の日本の私小説的な文体を避け、新しい文体を模索し作り上げてきたことが分かります。また、彼も言っているように「言語システムと思考システムは呼応している」わけで、必然的に彼の小説の登場人物たちは、自己の存在についての問いや、「他者」を理解することが本当に可能だろうかといった類《たぐ》いの問いを背負うものになったのだと考えられるのです。

ひとりの人間が、他のひとりの人間について十全に理解するというのは果たして可能なことなのだろうか。つまり、誰かのことを知ろうと長い時間をかけて、真剣に努力をかさねて、その結果我々はその相手の本質にどの程度まで近づくことができるのだろうか。我々は我々がよく知っていると思い込んでいる相手について、本当に何か大事なことを知っているのだろうか。

（『ねじまき鳥クロニクル　第1部泥棒かささぎ編』）

……たぶんそれは本当の私ではなかったのだと思います。そうとしか思えません。でも果たして本当にそうなのでしょうか。そんなに簡単に話は済むのでしょうか。それでは本当の私とはいったいどの私なのでしょう。今この手紙を書いているこの私を「本当の私」だと考える正当な根拠があるのでしょうか。私は自分というものをそれほど確信することができませんでしたし、今でもまだできないのです。

（『ねじまき鳥クロニクル　第3部鳥刺し男編』　傍点は原文のまま）

このような問いは、一人称を生きる人間の問いであることに間違いありません。自他が未分化である場合には、自分や他者を俯瞰《ふかん》的に見た存在論的な問いや他者理解についての問いは決して生まれて来ないものだからです。

先ほども引用した対談の本（『村上春樹、河合隼雄に会いにいく』）の脚注に、《「私小説」をめぐって》と題して、河合隼雄氏は次のように記しています。

日本では自と他の区別は西洋のように明確ではなく、「私」と言ってもそれは「世界」と同一とさえ言える。このようなあいまいさを巧妙に用いた私小説は、欧米人が「自分自身」のことを語っているのとは全く異なる。それが成功した際は身辺の雑事が「世界」と等価となる、というような狙いをもって書かれている。ただ、これが国際性をもつことは極めて困難であるだろう。

村上春樹氏は、このような日本的私小説とは決定的に異なる翻訳可能な文体を用い、一人称に目覚めた人間の苦悩や問いを描いてきました。それが、「世間」に違和感を抱き一人称に目覚め始めた世代の読者に強く響いたと同時に、国際性をもつ文学ともなった要因ではないかと考えられるのです。

付け加えますと、これも先ほどの内田氏の著書で知ったことですが、日本の文芸批評家たちの多くが、これまで村上春樹氏の文学を無視したり感情的にけなしたりしてきたという事実があるようです。内田氏がその例として挙げているものとして、「村上春樹は結婚詐欺だ」「村上春樹は読むな」（蓮實重彦氏の『すばる』での批評）や「言葉にはローカルな土地に根差したしがらみがあるはずなのに、村上春樹さんの文章には土も血も匂わない」（松浦寿輝氏の『毎日新聞』での批評）といったものがあり、内田氏はこれらに強く反発しており、私も同じ感想を持ちます。そして、これも日本的「世間」による一人称的人間への排除の構造そのものであると思われます。先ほど「一人称を生きる日本人の言葉」のところで採り上げたような人たちも、その内容は様々であるにせよ、基本的に同じような「世間」からの排除、排斥に苦しめられたであろうことは容易に想像できます。

しかし、村上氏はこのような批判を受けながらも、力強く次のような発言をしています。

よくね、日本でも「村上が日本文学をだめにした」とか言われるんだけど。だってね、僕ごときにだめにされるような文学なんて、最初からだめだったんじゃないか、というふうに正直に言って思いますね。開き直って。…（中略）…僕は僕なりに、日本でずいぶん悪戦苦闘してきて、今もこうして生き残ってきて、そういう意味では海外である程度評価されてきた、本が物理的に売れるようになってきた、というのは、ほっとするというか、嬉しいですよね。……

（『ナイン・インタビューズ　柴田元幸と9人の作家たち』）

「世間」内言語との付き合い方

これまで見てきたように、私たちが「世間」の中で「私」という一人称を確保し生きていくことは容易なことではありません。しかし、われわれを取り巻く「世間」から上手に距離を保ち、引きずられないように生きることは決して不可能ではありません。しかしそのためには、「世間」の特徴を熟知し、「世間」内言語にからめとられないための構えと技術が必要になってきます。

そこで、第2章で取り上げた「世間」内言語の特徴をもう一度思い出しながら、具体的に方策を考えていってみましょう。

「世間」では、個人の感情や意見もその集団全体のものとすり替えられたり、「場」の要請だとして語られる傾向があります。「みんなが～」「世間が～」「普通は～」「私たちは～」「ここでは～」「家では～」といった言い方で語られた言葉を聴くとき、それがその語り手の個人的感情や考えが、複数を盾にした偽装ではないかと考えてみることが必要です。例えば「私はいいと思うけど、皆が許さないと思うわよ」「きっと傷ついた人がいると思う」といった言葉などは、まず間違いなくその語り手個人の「許せない」「傷ついた」の偽装されたものなのです。うっかり「私はいいと思うけど」の方を信じてしまうと、あとで大変な目にあってしまいます。

同じように、主語が省略されたり、伝聞の形で語ったりすることによって、あたかも一般論のように個人的意見が述べられることもあります。このやり方によって、話し手は陳述の責任主体となることを回避しているわけです。「～らしいよ」「～がこう言っていたよ」という形の言い方の陰に、「自分はこう思う」が隠れていて、もしも受け入れられなかった場合には「自分はそう思わないけど」と逃げる算段なのです。このような言い方が、臆病な偽装に過ぎないことを見抜いておけば、こちらも大きく揺さぶられずに済むでしょう。

これと関連することですが、「世間」がある人間に制裁を加える時には、必ずと言ってよいほど、噂《うわさ》や評判というものを利用してきます。悪質なものになりますと、いかにも本人を心配して耳に入れてくれる風を装って「○○さんが、あなたのことを～って言ってたわよ」と根も葉もないことを吹きこみ、本人と○○さんとの関係を壊すと同時に本人に対しても心理的ダメージを与えるという手口もあります。それが事実であるにせよないにせよ、噂を耳に入れてくる人間を信用したり心を許したりしてはならないのです。

ちょうど、このような手口に引っ掛ってしまった人間の悲劇が、シェークスピアの四大悲劇の一つ『オセロー』にあります。勇将オセローは部下イアーゴーの陰謀により、貞淑な妻デズデモーナが不貞を働いているという噂を吹きこまれ、それを信じてデズデモーナを殺してしまう。しかし、あとでそれが陰謀であったことを知り、自らも破滅してしまうという話です。これも、イアーゴーが吹き込んだ噂話をオセローが迂闊《うかつ》にも信じてしまったところが、悲劇の発端になっています。『オセロー』にもし教訓を読み取るとすれば、噂話を告げられた時には、その噂の内容を信じるのでなく、告げてきた人間をこそ疑うべきだということでしょう。シェークスピアがこの戯曲を発表した一七世紀初めは、まだヨーロッパにおいても古き「世間」と新しい自立的主体が混在した時代だったようで、家父長制の強かったヴェニスの「世間」に反逆してデズデモーナが肌の黒いムーア人、オセローと駆け落ちをするという一人称的生き方と、噂話によって陥落させられてしまうという「世間」的な力学との対比が、この戯曲の重要なテーマになっていると考えられるのです。

このように「世間」では「人にどう思われるか」に囚われる神経症性が、結合力にもなり、異端者を排除する手口としても使われるわけです。「世間」にからめとられないために最も必要なことは、自分の内に潜んでいる神経症性を一掃することです。そうすれば、「世間」人が制裁のつもりで仕掛けてくることも空振りとなり、大したダメージも受けずに済むわけです。人は誰かに嫌がらせを仕掛ける際に、自分が最もされたくない類《たぐ》いの事をしてくるものです。ですから、神経症性に満ちた未熟な０人称の人間が仕掛けてくる嫌がらせは、神経症性を脱した一人称の人間にはほとんど効果を及ぼせないものなのです。

フックを出さない聴き方

「世間」人は、モノローグ(独語)的なコミュニケーションをしてきます。すでに指摘したように、主語のない一般論の外観をとり、文末は「〜よね?」「〜と思わない?」等々の付加疑問文的な言い方を用いて、彼らは一方的に見解を押し付けてきます。さて、このような投げかけに対して、いかに対処することが賢明でしょうか。

もちろん、幸運にもその見解がこちらの見解と一致している場合には、何の問題もないでしょう。しかし、同意できない内容がモノローグ的に押し付けられてきた場合、どう反応すべきかには大いに悩まされます。

まずはっきり認識しておかなければならないのは、このような場合に、話し手はそもそもダイアローグ(対話)をするつもりがないということです。見かけ上は疑問文に見えるものの、付加疑問文は相手に同意しか求めていません。しかし、ここで安易に同意することが得策とも言えません。なぜなら、このような人に限って、自分の意見を強化、偽装するために他のところで「○○さんもそう言ってたわ」などと、こちらの名前を勝手に持ち出さないとも限らないからです。

しかし、だからと言って「それは違う。〜は〜だ」といった言い方で直接反論することも、また別の意味で問題があります。「それは違う」というような、陳述主体を主語として立てない言い方では、押しつけられた一般論に対してこちらも別の一般論をただぶつけ返す形になってしまい、全面戦争のような事態を招くことにしかならないからです。

そこでお勧めしたい方法の一つとして、「主語を立てて、内容を入れずに同意しないことだけを表明する」という返し方があります。それは例えば「私には、別の考えがあります」というような言い方です。すると、まず大抵の場合、相手はこちらの考えを聴こうとはして来ず、話がそこで終わりになります。もちろん「じゃあ、一体どういう考えなんだ？」と聞かれる場合もあるかもしれません。しかし、これに感情的な色彩が乗っていると判断される場合には、誠実にこちらの考えを述べたとしても荒探しをされるのが落ちです。そのような時には、一見謙虚に見えるようなふりをして「いえ、申し上げるほどのものではありません」と引き下がるのが良いかもしれません。

この返し方は、「世間」内言語が独善的に普遍的真理のように意見を押し付けてきた時に、あくまで一個人の主観的意見として賛同しないことを表明するところに意味があります。「世間」人は、一人称の個人には基本的に太刀打《たちうち》できないものなのです。自分の主体を立てて生きている人間は、そもそも無駄に群れているような「世間」に属しているはずがありません。何しろそこは一人称的人間にとっては、居心地が悪いし窮屈な場所だからです。ですから、逆に言えば「世間」人は根本的には自信がなく、純粋な意味で自分で感じ取ったり考えたりすることができていません。「世間」人から、「みんなも」とか「普通は」といった集団の援軍の幻想を剥《は》ぎ取ってしまえば、彼ら一人一人は、実に無力で臆病な存在に過ぎないのです。

一人称個人の意見に対して真に対等に渡り合えるものは、やはり一人称主体を立てた個人の意見です。近年インターネット上で、匿名性を利用した「世間」人による暴言や誹謗中傷が横行していますが、基本的に意見の陳述者名を実名で出していないものは、対等な立場からのフェアな言論ではないので、そもそもとり合うだけの資格を備えたものではないと考えられます。「言論の自由」ということについて言えば、「自由」という概念は「責任」とセットの概念であり、陳述者のクレジットを明言するという責任主体から発せられた場合にのみ認められる「自由」であることを再認識する必要があるだろうと思います。同じインターネット上でも、「インターネット実名登録制」を導入した韓国や、欧米のように制度はなくとも実名を名乗ることが当然になっているようなインターネット社会の在り方を、日本でもこれから大いに積極的に参考にすべきではないかと思います。

「察する」関係からの脱却

さて、もう一つ「世間」人からよく発せられるものとして、「察してほしい」というメッセージがあります。文末や語尾を濁して曖昧な余韻だけで察してもらおうとするもの、完全に閉じた答えようのない陳述をぶつけてくるもの、無言でじっとりした雰囲気だけで察してもらうことを待っているもの、いじけて拗《す》ねて相手からのご機嫌取りを待っているもの。こういった乳児的メッセージに対しては、要求が十分に分かっていても「察しない」ことが大切であろうと考えます。もしそれを察した場合には、その場は丸く収まったとしても、その先には際限のない依存が待ち構えているからです。

「察する」の目指す関係は、前にも述べたように乳児と授乳する母親の関係と同質のものです。ですから、それがいかに無制限のくっつき合いと絶えざる注目を求めているものであるかは、自《おの》ずと推測されるだろうと思います。「察し合う」関係は決して永続的には続かないものであり、互いの個の存立を著しく妨げる性質をもった病的なものであると考えられます。もちろん、意思表示のできない乳児や障害の状態にある特殊な場合は別ですが、いかに親しい家族・恋人・夫婦・友人関係であろうとも、そのような近い距離で人間関係を作ってしまうことは、たとえ仮初《かりそめ》の安堵《ど》が得られるとしても、その後には悲惨な状態しか生まないものなのです。これは、特にパーソナリティ障害（人格障害）のケースを沢山診てきた経験から私が強く感じて来たことです。

人間は、至近距離で自他融合的な関係をもつことによって、どちらか一方あるいは双方ともが必ずや弱体化し、それゆえ相手に依存せざるを得なくなり、相手を束縛し、我がまま放題の暴君と化してしまい、泥沼としか言いようのない状態に向かってしまう性質を持つ生き物なのです。融合できないはずの別々の個体が、融合したかのような幻想の中で、とどまることのない未熟な欲望に振り回され、翻弄《ろう》されていってしまうのです。

もちろん私たちには、程度の差はあれ「察する」能力が備わっています。しかしまた、われわれ人間には言語を用いて表現する能力も備わっています。自分という存在が、世界中の誰とも違う唯一の性質をもった存在であるということ、そしてまた、「他者」も同様に別個の唯一性をもった存在であること。これは、属している世の中が「世間」であろうが「社会」であろうが、厳然として認識されるべき事実です。ここでいう「他者」とは、当然ながら自分以外の人間すべてを指すもので、血がつながっていようがいまいが、自分以外は「他者」です。そこで「察する」ということが役に立ったり、共感を生んだりするということを否定しているのではありません。しかしながら、「他者」というものは、自分と同じように複雑さと気まぐれも有している奥行きのある存在です。自分ですら自分自身をつかみ切れはしないにもかかわらず、「他者」を容易に「察する」ことができると考えるとしたら、それは思い上がりというものでしょう。

「察する」の限界の先に進むためには、与えられた言語能力をやはり人間は使わなければなりません。しかも、前著でも書いたことですが、同じ言葉にすら人は違うイメージを乗せているものです。互いの言葉を丁寧にすり合わせながら、この不器用なツールを用いて、本来理解し合えない距離にいる「他者」と少しずつ理解できる部分を増やしていく。これ以外に人間同士が真の関係というものを作っていく手立てはないのです。

だからといって、私は決して言葉以外の表現をないがしろにしているのではありません。音楽、絵画、舞踏、料理、ファッション、等々さまざまな表現のチャンネルを人間は持っています。それは言葉には落としこめないほど豊かな世界です。しかし、言葉なしにそのどれか一つだけで生きることもまた人間にはできません。たとえば、心のこもった料理を作ってくれた人に、言葉でもって感動を表したりや感謝を述べたりすることは欠かせないことでしょう。それがいかに限られた気持ちしか言い表せないにしても、言葉を省いてはならないのです。「言わなくても分かるはずだ」と都合よく「察する」を担ぎ出すことは、ずるい逃げ口上に過ぎません。

深い思想を感じさせてくれる料理研究家の辰巳芳子さんは、こんなことを述べています。

人間、仕事をして良きにつけ悪しきにつけ、〝認められぬ〟ほど疲れが抜けぬことはない。それは不思議なうっ積となって人の中に残る。人の労苦を受ける側は、どうしても認める努力を怠ってはならないと思う。

昨今、食事作りを嫌う女の方が増えたが、長年、食事作りの労を認めてもらえなかった女たちの憤慨が、一種のひずみとなって現われたのかもしれない。台所の果てしない努力には、必ず相応の評価をいたしましょう。

（「およばれ上手―食礼」『味覚旬月』）

「世間」的共同体を構成する一大要素が、この「察する」であることを再認識しておくことはとても大切です。「察する」で十分足りるはずだとして、家族関係を始めとするいろいろな人間関係を済ませてきたことのツケが、昨今の様々な問題や事件の背後にあることは言うまでもありません。「察する」のぬるま湯は、もちろん安楽なものであったでしょう。しかし、それゆえに未熟な0人称が温存され、言葉を使ったやり取りを洗練しないままに私たちが互いに「他者」であることを見失ってしまっているとしたら、これはやはり看過するわけに行かない問題なのです。

真の対話に向けて

対話(ダイアローグ)とは、「他者」を発見するところから始まる行為です。自分の延長線上で他人を捉えているような状態では、いまだ「他者」は発見されていません。

職業選択の自由も恋愛や結婚の自由もなく、ただ生まれた地域共同体に属し、家業を従順に継ぎ、「自分は何者なのか？」「自分にとって生きがいとは何だろうか？」「自分らしく生きるとはどう生きることなのか？」などの疑問を抱くこともなく生きるしかなかった封建的時代であれば、「他者」など発見せずに「皆同じようなものだ」という錯覚の下で生きることが出来たかも知れません。しかし、どう見ても今日の私たちが置かれている環境は、西洋から取り入れた自由の思想が中途半端に浸入し、ある者は旧態依然の「世間」人として暮らし、ある者は一人称的主体に目覚めたがために、「世間」に苦しんでいるといった、大変複雑な状況になっています。

「世間」の甘いフィルターを外し、まずは「他者」を発見するところから私たちは始めなければなりません。しかし、「世間」のフィルターは日本語という基本ツールの中に分かちがたく練り込まれています。それがいかなるものであるかは、第1章、第2章で見てきた通りです。だからと言って、日本語そのものを無くしたり他の言語と取り換えたりしなければならないわけではありません。本章において考えてきたように、日本語を用いながらも一人称的主体、つまり「私」を生きることは十分に可能なのです。しかしその際、「世間」内言語としての要素は、丁寧に取り除かれなければなりません。曖昧《あいまい》さを曖昧さのままで日本語の美徳として取り扱うことは、プライベートな領域の楽しみにおいては結構なことかもしれません。しかしながら、ひとたび「他者」とのコミュニケーションの道具として用いる場合に、言語はパブリックなものとして要請されているのです。パブリックなものは、通貨と同様、実に味気のないものであり、趣《おもむき》や土の匂いなどとは縁のないものです。

平安朝の貴族たちが、歌を詠みそれでコミュニケーションを図っていたような世界は、完全に同質の教養と文化を背景にした「世間」であったがために成立していた、親密で繊細な「閉じた世界」でした。明治の開国以来、日本は「閉じて」いることが許されない状況下に置かれることになったわけですが、それでも日本人は、かの器用な二重構造を用いて「閉じた」精神風土を温存したままで今日を迎えています。

しかし私は、何度も申し上げてきたように、もはや「閉じた」形で温存されて来た「世間」が破綻《たん》し始めていることを日々の臨床からも痛感しています。実際に身近にいる人間との間ではコミュニケーションと呼べるようなものが存在せず、有料の精神療法という特別にしつらえた場面で始めてコミュニケーションが行われる。私は、それが自分の職業でありながらも、とても不自然な現象であると感じずにはいられないのです。

私は、精神療法において「聴く」ことを尊重しますが、先に述べたような考えから、あえて「察する」のチャンネルを用いないようにしています。しかし、そのようにして進めたはずの対話が、回を重ねて行くにしたがって「察する」が交流する場になって行くというパラドックスがあります。この「察する」は、互いが「他者」同士であるという前提の上に自然発生的に醸成されてくるもののようです。このパラドックスを説明するためには、再びあの螺旋《ら》の図（第4章の図1）のイメージを用いるしかありません。

「他者」を聴くという行為は、はじめしばらくはその人の中の「違う」部分を把握し、それを理解しようとして小さな質問を重ね、掘り下げて行く作業になります。しかし、「違う」を掘り下げて行き、それが、人間誰もが持っている根源的な要素の絡み合いとして理解された時に、「違う」は「同じ」の発見に抜け出るのです。表層部だけ眺めている時には「違い」としか見えなかったものが、「同じ」人間という存在の、ある同根から生じた枝葉に過ぎなかったことが分かってくるのです。

この「同じ」がわかる瞬間は、決してどちらか一方にだけ訪れるものではありません。これを本来「共感」と呼ぶのですが、それは形なきものであるにもかかわらず、対話している両者に同期して感じられます。このように自然に醸成されてくる「察する」は「共感」の質を備えたものであって、コミュニケーションの目指す真の目的だと言えるでしょう。

このようにして到達した「察する」つまり「共感」は、「他者」の独立性を侵害したり束縛したりする性質を持っていません。使い方の難しい言葉ではありますが、この「共感」とは「愛」の一つの現われ方であると言っても良いでしょう。前著（『「普通がいい」という病』）でも述べたことですが、ここに私の考える「愛」と「欲望」の定義を再録しておきたいと思います。

愛とは、相手（対象）が相手らしく幸せになることを喜ぶ気持ちである。
欲望とは、相手（対象）がこちらの思い通りになることを強要する気持ちである。

つまり「共感」が「愛」であるということは、「共感」が相手の一人称をこちらの意に合わせて支配しようとしないこと、すなわち「欲望」を向けないということです。

対話とは、互いが避け難く「孤独」を背負った異質な「他者」同士であることを認識し、目の前にいる「他者」に向って「知りたい」「理解したい」という人間的関心を向け、先入観なしに「聴く」こと。それを双方が行って、多くの「違う」を発見し合うこと。そして、その先に自ずと「同じ」が発見され、「共感」という「愛」が生ずること。こう言えるのではないかと思うのです。

私の言う意味の「愛」は、愛欲のような小さなものではなく、独占的な色彩を帯びたものでもありません。太陽のごとく、全方向性に発せられる熱光線のようなものであり、すべての人間が生まれながらにして与えられている本来的な性質のことです。この生得的な「愛」を曇らしている「世間」的フィルターを外して周囲を見た時に、いかに真のコミュニケーションが失われて人々が散り散りばらばらになってしまっているのか、「言葉」という大切な道具が手垢《あか》にまみれ錆びついてしまっているのか、人々が「愛」を求めるつもりで「欲望」に踊らされてしまっているのか等々が見えてくるはずです。

「言葉」に支配されたり惑わされたりするのでなく、「言葉」を「共感」にたどり着くための道具として丁寧に吟味して使いこなしていくことが、私たちが「愛」の存在に近づき、確かな「思想」を生み出し、真の対話を実現することにつながるものだと私は信じています。

おわりに

……そして、それまで私が日本で感じていたさまざまな違和感や問題意識が、決して的外れではなかったということ、特に、日本の精神風土の神経症性についてなどは、「やっぱりそうだったのか」と確信できたのでした。

前著『「普通がいい」という病』の〈おわりに〉のところに、パリに暮らして感じたことの一つとして、私はこのように書きました。しかしながら、その時の私は「日本の精神風土の神経症性」という抽象的な言葉を用いただけで、その内容に十分踏み込むまでには至りませんでした。何しろ前著はとても欲張ってたくさんのテーマを詰め込んだ本だったので、それ以上ふくらます余裕がなかったという事情もありました。そして、まだその時の私には、このテーマを掘り下げるだけの準備が十分には整っていなかったのです。

しかし嬉しいことに、前著を読んで私の抱いていた問題意識に共鳴して下さった読者諸氏も結構あって、中でも語学教育に携わっている方や帰国子女、海外生活経験者などが多くいらしたようでした。また、日頃、翻訳ものの小説や思想書に親しまれているような方や、個人主義的な生き方や哲学的な問いに強い関心を持っているような方々も、好反応を示してくださいました。

そのようなこともあって、私は、前著で「日本の精神風土の神経症性」として言いたかった内容についてあらためて言葉を尽くして論じ、私たちがそこからいかにして自由になれるかという方策に至るまで、もう一度丁寧に考えてみる必要があると思ったのです。

当初考えていたよりも、いざ取り組んでみると日本語の問題は奥が深く、門外漢の私には荷が重く、かなり苦労しました。しかし、様々な日本語論や日本人論に目を通していく中で、徐々に「世間」の問題やコミュニケーション不全の問題などとのつながりが見えてくるようになり、やはりこれは避けて通るわけにはいかない問題であったと再認識できました。

私は精神療法を日々行っている一精神科医に過ぎませんが、本書を書き終えてみて、比較言語学や文法論、日本の近代化の歴史、日本の近代小説の変遷等々、一見何の関係もなさそうに見えるジャンルの中にも示唆に富む重要な知見がたくさん転がっていることにあらためて気付かされ、それらが深い所で結びついていく瞬間は実にスリリングな興奮を私に与えてもくれたのでした。

本書は、必ずしも「前から順に」読まなければならないと考える必要はありません。特に第1章、第4章などは読む上でやや根気のいる部分もありますので、第2章や第5章あたりを気楽に眺めていただくだけでも、十分に意味があるだろうと思います。どうぞ読みやすい部分から自由に始めて、先に進んだり前に戻ったりしながら、ゆっくりとお読み下さい。

私が「言葉」に強く問題意識を持っていた状態だったためか、クライアントの皆さんとのセッションの中でも、随分たくさんの示唆を得ることが出来ました。中には、私の知らない参考文献を教えてくれた方もありました。また、職場のスタッフとの日々の会話も、新たな発見や着想が生まれる重要な契機となりました。素晴らしいヒントをくれた多くの方々にあらためて感謝したいと思います。

また、本書は何より研究社の吉井瑠里さんの熱意に支えられて誕生したものです。彼女が拙著の熱心な読者であったことで執筆のお誘いを下さり、執筆中にも具体的にいろいろとお手伝いいただきました。このような貴重な機会を下さった吉井さんに、深く感謝いたします。

泉谷閑示

二〇〇九年一月十三日

参考文献

はじめに

ニーチェ『ツァラトゥストラ』手塚富雄訳　中公文庫　一九七三年
夏目漱石『私の個人主義　ほか』中公クラシックス　二〇〇一年

第1章

D・W・ウイニコット『抱えることと解釈　――精神分析治療の記録』北山修　監訳　岩崎学術出版社　一九八九年
大江健三郎　河合隼雄　谷川俊太郎『日本語と日本人の心』岩波現代文庫　二〇〇二年
三上章『日本語の論理　――ハとガ』くろしお出版　一九六三年
三上章『象は鼻が長い　――日本語文法入門』くろしお出版　一九六九年
金谷武洋『主語を抹殺した男　――評伝三上章』講談社　二〇〇六年
金谷武洋『日本語に主語はいらない　――百年の誤謬を正す』講談社選書メチエ　二〇〇二年
金谷武洋『日本語文法の謎を解く　――「ある」日本語と「する」英語』ちくま新書　二〇〇三年
山崎紀美子『日本語基礎講座　――三上文法入門』ちくま新書　二〇〇三年

金谷武洋『英語にも主語はなかった――日本語文法から言語千年史へ』講談社選書メチエ　二〇〇四年
鈴木秀夫『森林の思考・砂漠の思考』ＮＨＫブックス　一九七八年
池上嘉彦『英語の感覚・日本語の感覚――〈ことばの意味〉のしくみ』ＮＨＫブックス　二〇〇六年
佐佐木幸綱『万葉集の〈われ〉』角川選書　二〇〇七年
柳父章『近代日本語の思想――翻訳文体成立事情』法政大学出版局　二〇〇四年
柄谷行人『日本精神分析』講談社学術文庫　二〇〇七年
長谷川三千子『からごころ――日本精神の逆襲』中公叢書　一九八六年
ミシェル・フーコー『性の歴史1　知への意志』渡辺守章訳　新潮社　一九八六年
斉藤毅『明治のことば――文明開化と日本語』講談社学術文庫　二〇〇五年
阿部謹也『「世間」とは何か』講談社現代新書　一九九五年
阿部謹也『日本社会で生きるということ』朝日文庫　二〇〇三年
丸山真男『日本の思想』岩波新書　一九六一年
山本哲士『新版　ホスピタリティ原論――哲学と経済の新設計』文化科学高等研究院出版局　二〇〇八年

第2章

池上嘉彦『英語の感覚・日本語の感覚――〈ことばの意味〉のしくみ』ＮＨＫブックス　二〇〇六年

森有正「経験と思想」『森有正全集　第一二巻』筑摩書房　一九七九年

稲垣重雄『法律より怖い「会社の掟」』講談社現代新書　二〇〇八年

第3章

森有正「経験と思想」『森有正全集　第一二巻』筑摩書房　一九七九年

泉谷閑示『「普通がいい」という病』講談社現代新書　二〇〇六年

茨木のり子『詩集　寸志』花神社　一九八二年

オルテガ・イ・ガゼット『大衆の反逆』神吉敬三訳　ちくま学芸文庫　一九九五年

第4章

夏目漱石『私の個人主義　ほか』中公クラシックス　二〇〇一年

茨木のり子『倚りかからず』筑摩書房　一九九九年

ローラン・テシュネ「パリ音楽院――フォーレ以前と以後」関根敏子訳『フォーレ手帖』第十九号　日本フォーレ協会会誌　二〇〇八年

アンドレ・コント＝スポンヴィル『資本主義に徳はあるか』小須田健 C・カンタン訳 紀伊國屋書店 二〇〇六年
上田閑照『私とは何か』岩波新書 二〇〇〇年
ブーバー『孤独と愛——我と汝の問題』野田啓祐訳 創文社 一九五八年
エーリッヒ・フロム『生きるということ』佐野哲郎訳 紀伊國屋書店 一九七七年

第5章

三森ゆりか『論理的に考える力を引き出す——親子でできるコミュニケーション・スキルのトレーニング』一声社 二〇〇二年
金子光晴『金子光晴詩集』清岡卓行編 岩波文庫 一九九一年
金子光晴『絶望の精神史』講談社文芸文庫 一九九六年
白洲次郎『プリンシプルのない日本』新潮文庫 二〇〇六年
藤田嗣治『腕一本《ブラ》・巴里の横顔——藤田嗣治エッセイ選』近藤史人編 講談社文芸文庫 二〇〇五年
岡本太郎『自分の中に毒を持て——あなたは〝常識人間〟を捨てられるか』青春文庫 一九九三年

石岡瑛子『私デザイン』講談社　二〇〇五年
茨木のり子『茨木のり子集　言の葉　3』筑摩書房　二〇〇二年
中田英寿『nakata.net 2005–2006　――すべてはサッカーのために』新潮社　二〇〇六年
「夢をつかむイチロー 262 のメッセージ」編集委員会『夢をつかむ　イチロー 262 のメッセージ』ぴあ　二〇〇五年
「未来をかえるイチロー 262 の Next メッセージ」編集委員会『未来をかえる　イチロー 262 の Next メッセージ』ぴあ　二〇〇八年
内田樹『村上春樹にご用心』アルテスパブリッシング　二〇〇七年
河合隼雄・他『こころの声を聴く　――河合隼雄対話集』新潮社　一九九五年
河合隼雄・村上春樹『村上春樹、河合隼雄に会いにいく』新潮文庫　一九九九年
村上春樹『ねじまき鳥クロニクル　第1部泥棒かささぎ編』新潮社　一九九四年
村上春樹『ねじまき鳥クロニクル　第3部鳥刺し男編』新潮社　一九九五年
柴田元幸編・訳『柴田元幸と9人の作家たち　――ナイン・インタビューズ』アルク　二〇〇四年
シェークスピア『オセロー』小田島雄志訳　白水Uブックス　一九八三年
辰巳芳子『味覚旬月』ちくま文庫　二〇〇五年
泉谷閑示『「普通がいい」という病』講談社現代新書　二〇〇六年

《著者紹介》

泉谷　閑示（いずみや・かんじ）

1962年秋田県生まれ。精神科医。東北大学医学部卒業。東京医科歯科大学医学部附属病院、財団法人神経研究所附属晴和病院等に勤務したのち渡仏、パリ・エコールノルマル音楽院に留学。パリ日本人学校教育相談員を務めた。帰国後、新宿サザンスクエアクリニック院長等を経て、現在、精神療法を専門とする泉谷クリニック（東京・広尾）院長。これまでに大学・短大・専門学校等での講義や学会等での講演を行なっているほか、現在、診療以外にも、泉谷セミナー事務局主催の様々なセミナーや講座を開催している。舞台演出や作曲家としても活動しており「横手市民歌」等の作品がある。著書に『「普通がいい」という病』『反教育論』（ともに講談社現代新書）、『クスリに頼らなくても「うつ」は治る』（ダイヤモンド社）等多数。出演番組に『Q～わたしの思考探求』（NHK教育TV）、『みんなでニホンGO!』（NHK総合TV）等がある。

「私《わたし》」を生《い》きるための言葉《ことば》
—日本語《にほんご》と個人主義《こじんしゅぎ》—

2009年3月26日　初版発行
2024年7月31日　6刷発行

著　者　泉《いずみ》谷《や》閑《かん》示《じ》
発行者　吉田尚志
印刷所　TOPPANクロレ株式会社

KENKYUSHA
〈検印省略〉

発行所　株式会社　研究社
https://www.kenkyusha.co.jp/

〒102-8152
東京都千代田区富士見2-11-3
電話　（編集）03(3288)7711（代）
　　　（営業）03(3288)7777（代）
振替　00150-9-26710

装幀：清水良洋（Malpu Design）　装画・章扉イラスト：うえだ幸平

ISBN978-4-327-37815-8　C0011　Printed in Japan